ASTROLOGÍA FÁCIL

"Centrarse únicamente en los signos y las casas tiene pleno sentido. ¡Y además es divertido! El estilo de escritura informal y entretenido de Alison lleva al lector de la mano y disipa cualquier temor ante un tema supuestamente complejo. Lo que obtendrás es un conocimiento profundo de los doce signos del zodiaco, incluidas las polaridades, elementos y cualidades, además del funcionamiento y significado de los dos ejes principales, los cuadrantes y las doce casas de la carta astral. Como introducción a la astrología, este es un libro fantástico".

—**KARIN HOFFMANN**, editora de Astrodienst en **www.astro.com**

"Alison me enseñó astrología utilizando este sistema y lo comprendí de inmediato. Ahora soy una influenciadora astrológica remunerada en YouTube. Lo recomiendo ampliamente para alcanzar un nivel profesional".

—**PENNY DIX**, astróloga y psicoterapeuta

ASTROLOGÍA FÁCIL

Cómo leer una carta astral

ALISON CHESTER-LAMBERT, MA

TRADUCCIÓN POR MERCEDES ROJAS

Inner Traditions en Español
Rochester, Vermont

Inner Traditions en Español
One Park Street
Rochester, Vermont 05767
www.InnerTraditions.com

Inner Traditions en Español es un sello de Inner Traditions International

Título original: *The Easy Way to Learn Astrology: How to Read Your Birth Chart*, publicado por Findhorn Press, sello de Inner Traditions International.

Aviso legal

La información contenida en este libro se ofrece de buena fe y es de carácter informativo. Ni el autor ni la editorial pueden ser considerados responsables por cualquier pérdida o daño que pueda derivarse, directa o indirectamente, del uso de este libro o de cualquier información contenida en el mismo.

ISBN 979-8-88850-287-7 (impreso)
ISBN 979-8-88850-288-4 (libro electrónico)

Impreso y encuadernado en China por Reliance Printing Co., Ltd.

10 9 8 7 6 5 4 3 2 1

Ilustraciones y diseño por Richard Crookes. Maquetación por Alfonso Reyes G.
Este libro usó tipografía Adobe Garamond Pro, Helvética Neue y Avenir Book.

Para enviar correspondencia a la autora de este libro, envíe una carta por correo a Inner Traditions • Bear & Company, One Park Street, Rochester, VT 05767, USA, y le remitiremos la comunicación. También puede contactar directamente a la autora a través de **www.alisonchesterlambert.com.**

Índice

"Si he visto más lejos
es porque me he subido a hombros de gigantes".

—Isaac Newton, 1675

Agradezco a mis primeros profesores por su devoción a la astrología y el legado que me dejaron.

Durante mis años de estudiante, a finales del siglo XX, devoré libros de astrología y asistí a innumerables conferencias y cursos. Lo aprendía todo de memoria, y ello ha contribuido al conocimiento que poseo hoy. Espero sinceramente no haber utilizado de manera inadvertida sus palabras exactas o no haberlos citado correctamente.

Un agradecimiento especial al equipo de **astro.com** por rediseñar su sitio web para incorporar las funciones especiales que necesita el sistema de Campano, sin planetas, para facilitar el aprendizaje inicial de la astrología.

Prefacio

¿Has intentado aprender astrología?

Eso se debe a que los métodos de enseñanza habituales no han avanzado desde el siglo pasado. Existe una forma más fácil e intuitiva de abordarlo, pero los viejos maestros creen que luchar es parte del proceso. Soy disléxica y aprendo muy lentamente. Intenté estudiar astrología cuando era más joven, y fallé en dos ocasiones. Pero después de cumplir 40 años y sentirme más segura, me inscribí en un curso presencial. Eso me impulsó y, finalmente, mi determinación abrió poco a poco esa increíble puerta.

Cuando tuve la oportunidad de enseñar, supe que debía hacerlo de manera diferente. Para aprender astrología psicológica debemos profundizar en los orígenes y estructuras que subyacen al comportamiento del cosmos, esto nos permite lograr mejores resultados al entender y modificar nuestro comportamiento.

¿Por qué hacer que los estudiantes aprendan el proceso matemático de dibujar una carta astral a mano cuando las computadoras ahora hacen ese trabajo por nosotros? Afortunadamente, los astrólogos de la "vieja escuela" me rechazaron, así que me vi obligada a seguir mi propio camino.

Después de enseñar con éxito a decenas de estudiantes, me di cuenta de que la mayoría de las personas quieren aprender porque ya han experimentado con los signos solares. Entonces, ¿por qué no aprender primero los signos del zodiaco?, algo que es fácil de reconocer y no es intimidante. ¿Por qué hacerlo difícil, cuando puede ser sencillo?

Todo lo que necesitarás para aprender astrología lo encontrarás en este libro. Luego visita el sitio web **astro.com**; y tendrás acceso al *software* que elaborará una carta para ti, en línea y de forma gratuita.

Existe una página de producto en Facebook para este libro, donde podré responder todas tus preguntas. Busca "*The EASY WAY to Learn Astrology*". También ofrezco una serie de videos gratuitos que acompañan este paquete. Puedes encontrarme bajo mi nombre en YouTube.

Es importante acotar, antes de continuar, que existen diversos tipos de astrología, incluyendo la astrología medieval, la astrología védica y las predicciones mensuales de signos solares en revistas. Cada una tiene sus diferencias y méritos y todas tienen valor. Sin embargo, este libro enseña astrología psicológica.

Así que, aquí vamos…

Nota sobre términos astrológicos

A lo largo de este libro, el Sol y la Luna se escriben con mayúscula inicial, al igual que Masculino y Femenino, para distinguirlos como los nombres de las dos polaridades; al igual que los elementos, a fin de evitar confusión con el fuego, el agua, la tierra y el aire terrestres.

Es importante señalar que en las siguientes páginas no hago referencia a los signos solares; las descripciones y discusiones aluden a los signos del zodiaco en sí mismos, los cuales tenemos en nuestras cartas astrales. Por ejemplo, puedes ser lo que llamo "tipo Tauro", incluso si naciste en febrero y tienes tu Sol en Acuario.

1

Todo empieza con la unidad

Los antiguos misterios hindúes nos cuentan que la singularidad, la fuente, la perfecta unidad, es un estado dichoso de divinidad que estuvo presente desde el inicio. La astrofísica es un poco menos poética, declarando que el caldo primigenio explotó con un *big bang* y formó nuestra dimensión.

Sin embargo, no importa si eres un científico o el Dalai Lama, el lenguaje de la astrología se adapta fácilmente a todos los sistemas de creencias. Ya sea una unión dichosa con la divinidad o un gas químicamente fértil en el espacio, la astrología simplemente acepta un estado indiferenciado de "unidad".

Creo que el cosmos es pensamiento sin forma, una manifestación omnipresente y multifacética de la que emergen energías, emanaciones o esencias.

Todo en esta dimensión, espacio y universo (uni-verso) existe en la unidad. Así que eso es el Cielo, el Infierno, la Duat de los egipcios, el Olimpo griego... Y, lo más importante, la energía y la materia oscuras de la física cuántica, ya que así es como funciona la astrología.

La división en dos, polaridad o dualidad

La ciencia reconoce que vivimos en una dualidad, es decir, algo que se compone de dos partes. En la mecánica cuántica se manifiesta una dualidad de onda y partícula; además de un emisor y un receptor. La corriente eléctrica tiene una característica positiva y negativa, observable en los dos extremos de una batería. Y, por supuesto, tenemos el símbolo taoísta del yin y el yang, mientras que los dos sexos que se ven en la naturaleza parecen bastante claros.

Como puedes ver en la figura 1, la astrología reconoce la división de uno en dos opuestos: Masculino y Femenino. Es cierto que al entender "lo opuesto" podemos obtener una buena comprensión de ambos lados. Lo que es, frente a lo que no es. Yo soy esto, **no soy** aquello.

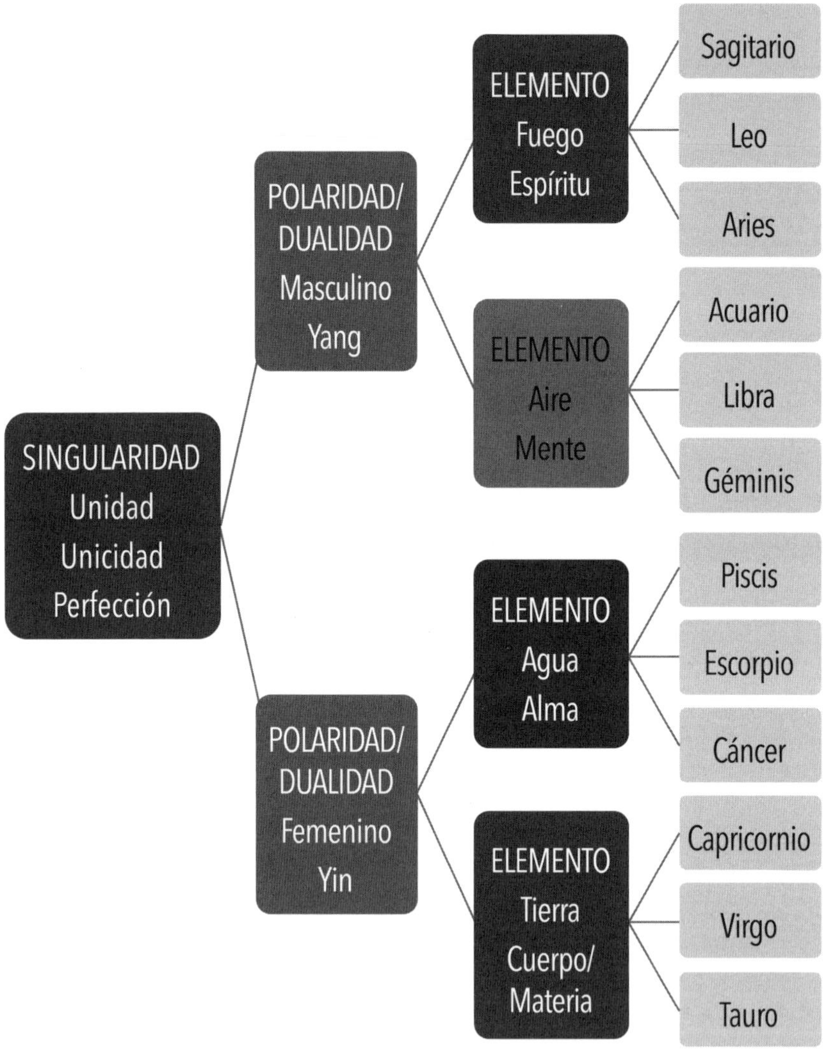

Figura 1. Tabla de jerarquías espirituales y astrológicas

Psicología del comportamiento Masculino y Femenino

Al entender la psicología de lo Masculino y lo Femenino, habrás adelantado medio camino en la comprensión de la carta astral. Todo se reduce a cuánto de Masculino y cuánto de Femenino posee una persona al nacer y cómo lo utiliza. Así de simple. Y, en el futuro, cuando te sientas cautivado por algún punto astrológico raro, técnico y seductor, y termines frustrado, recuerda estas palabras: vuelve a lo básico y observa la ponderación y combinación de las energías Masculinas y Femeninas. Todo está ahí.

El término Masculino en astrología describe un tipo de energía y no depende del sexo de la persona. Hay mujeres con cantidades abrumadoras de energía Masculina y hombres con océanos de energía Femenina. Realmente no es relevante si una persona se identifica o no con su sexo de nacimiento. Tu tarea es averiguar cómo funciona esto para ellos. Incluso puedes ayudarlos a entenderse mejor comprendiendo la combinación de dichas energías en el lenguaje multidimensional de la astrología.

En efecto, hay una verdad general: las mujeres expresan su energía Femenina más fácilmente que los hombres, ya que estos tienden a "ocultarla". Por el contrario, las mujeres que nacieron con gran cantidad de energía Masculina pueden tener dificultades para encontrar un lugar acogedor en el mundo, mientras que los hombres en esta situación son considerados dominantes y decisivos y serán promovidos a la junta directiva en poco tiempo. Así ha sido durante toda mi vida; sin embargo, en el presente, las fronteras se están difuminando y, con suerte, el futuro será diferente.

No hay nada en una carta astral que revele si una persona es biológicamente un hombre o una mujer. Lo que debemos entender es aquello que quisieron expresar con su nacimiento, trabajar con su mezcla particular de energía Femenina y Masculina, y luego ver cómo esto encaja con su sexo en general.

En la figura 2 observamos palabras clave para lo Masculino y lo Femenino. Al ver las que se ubican juntas en una misma fila, salta a la vista que describen dos caras de la misma moneda. Lo Masculino

Masculino +	Femenino –
Yang	Yin
Positivo	Negativo
Masculinidad	Feminidad
Cielo/alturas/hacia arriba/ hacia afuera	Valle/profundidad/hacia abajo/ hacia dentro
Se mueve en línea recta	Se mueve en curvas, en espiral
Luz	Oscuridad
Consciente	Inconsciente
Busca libertad	Busca límites
Extrovertido	Introvertido
Surge hacia el exterior. Radiación	Hala hacia adentro. Gravedad
Rechaza	Receptividad
Activo	Pasivo
Separa	Une
Aleja	Contiene
Inicia	Espera
Espontáneo	Planifica a largo plazo
Directo	Indirecto
Abierto	Oculto
Asertivo	Tímido
Seguro	Inseguro
Seguro de sí mismo	Duda sobre sí mismo
Elementos FUEGO y AIRE	Elementos AGUA y TIERRA

Figura 2. Polaridad o dualidad

es extrovertido y lo Femenino introvertido, etc. Vale la pena tener una foto de esta lista en tu teléfono para consultarla con frecuencia. Acostúmbrate a pensar en la vida cotidiana en esos términos.

Posiblemente, la forma más útil de imaginar lo Masculino es como la radiación emanada del Sol. La gravedad, por su parte, tiene una naturaleza Femenina, siempre atrayendo todo hacia el centro.

El exceso de cualquiera de las dos energías es destructivo. Ninguna es "mejor" que la otra. Sería como decir que un polo de una batería es mejor que el otro.

El esquema del viaje del héroe dentro de la mitología es un relato de Masculinidad, mientras que la mujer que cuida el hogar en su ausencia encarna la Feminidad. Ningún rol es fácil.

La figura 3 analiza el resultado del exceso de lo Femenino o de lo Masculino, por lo que merece nuestra atención.

Extremos Femeninos	Extremos Masculinos
Sentimientos abrumadores	Falta de sentimientos
Emociones ardientes	Aislamiento emocional
Deseo incontrolable y consumidor	El acto frío de la violencia extrema
Clama por una respuesta	Psicopatía o total falta de empatía
Devorador, iracundo, feo	Visión utópica de perfección extrema
Necesidad de poseer	Indiferencia egocéntrica
Destructivo	Destruyendo

Figura 3. Palabras clave para el extremo de lo Femenino y lo Masculino

Ahora, consideremos cómo ambos se unen en el mito. Bueno, ¡depende de quién esté persiguiendo! Cuando lo Femenino (que se hace cargo de la muerte y el nacimiento) desea el vínculo con fines procreativos, no lo puede tomar como lo haría lo Masculino. Lo Femenino trabaja en curvas, no en líneas rectas. Si una persona está empleando esta energía, recurrirá a la astucia sexual y un atractivo sutil. Si por el contrario, está usando su energía Masculina, se lanzará directamente a la caza. Puede que sea necesario un poco de persuasión, pero sus acciones serán claras.

Recuerda que las mujeres pueden comportarse de forma Masculina y los hombres pueden ser Femeninos. Masculino con "M" mayúscula describe una energía y un comportamiento, no a los hombres en general. Femenino con "F" mayúscula también describe una energía y un comportamiento, no a las mujeres en general.

Veamos otro ejemplo. ¿Qué tal un general del ejército planeando una campaña militar? Suena Masculino, ¿verdad? Tal vez, pero solo si se trata de un plan a corto plazo. La planificación a largo plazo es una función Femenina debido a la agenda oculta, la paciencia y la espera que requiere. Lo Masculino no puede esperar por ese tipo de cosas, simplemente toma un arma y ataca, se encargará de las acciones contundentes a corto plazo; mientras que su lado Femenino le brindará la astucia necesaria para el plan no revelado y a largo plazo.

Ahora examinemos el ciclo Femenino de la vida. Algo muy particular de esta energía es que tiene un aire primordial. Me recuerda una sabiduría ancestral que se encuentra en el material religioso del antiguo Egipto y Grecia, donde la oscuridad de lo Femenino existe antes que todo. Es el origen, la materia prima. En el comienzo de nuestro universo, la luz de lo Masculino **se manifiesta en** lo Femenino. La fuerza activa agita las aguas oscuras y primordiales. Ello no significa que menosprecie lo Masculino, pues sin su acción lo Femenino no iría a ninguna parte. En el Antiguo Testamento la luz/intención de lo Masculino se cernía sobre las aguas de lo Femenino (cuya inercia necesitaba algo de acción o todos seguiríamos siendo "lodo" cósmico), y eso agitó las cosas.

Entonces, aceptemos simplemente que lo Femenino, o la madre naturaleza, tiene un "plan" o una agenda preprogramada; y lo Masculino en realidad no, pues la espontaneidad lo es todo. Impera la voluntad caprichosa de los dioses. No es así con la madre naturaleza.

Una búsqueda rápida en internet te revelará que aproximadamente el 68 % del universo es energía oscura; alrededor del 27% está representado por materia oscura; y el resto, todo lo observado en la Tierra con nuestros instrumentos y toda la materia normal, suma menos del 5 % del universo. De modo que, solo conocemos la punta del iceberg. Por cierto, en esta astrología la energía oscura es equivalente al elemento Fuego, mientras que la materia oscura es equivalente al elemento Agua.

La energía y la materia oscuras se encuentran en otra dimensión que sustenta nuestro universo. Todos los lugares mitológicos "oscuros" se refieren a esto. Así, el Infierno cristiano, el Helheim nórdico, la Duat egipcia, el Tártaro griego, el Hades, etcétera, están en este otro lado de la vida. En astrología, el planeta Plutón rige la energía y la materia oscura, y el signo zodiacal de Escorpio está asociado a lo mismo.

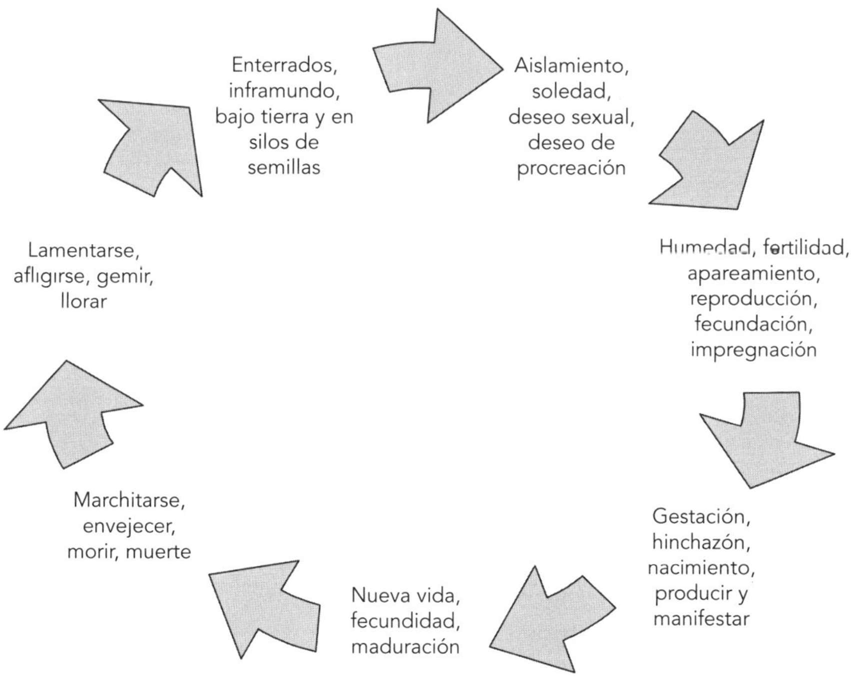

Figura 4. El ciclo de lo Femenino, la vida y la madre naturaleza

El ciclo de vida y lo Femenino, que vemos en la figura 4, es un proceso lento, persistente y en constante evolución. Es una fuerza omnipresente en el universo que recibe, gesta y da a luz a la vida.

En diversas etapas, lo Femenino primordial invoca la furia aullante, la ira, la venganza, la brutalidad, el instinto primario, la indignación o la desesperación. Pero también invoca al amor, el cuidado, la emoción, el compartir, la compasión y el apoyo. Como dijo la Reina Isabel II, el dolor es el precio que pagamos por el amor. Todo eso está en el continuo Femenino.

Es primordial y está lleno de potencial creativo porque, sobre todo, lo Femenino **crea**, es una creadora. Sigue moviéndose y evolucionando. El brote de la rama del próximo año está detrás de la hoja que cae. A medida que perdemos una cosa, aparece otra, porque la naturaleza llena los espacios vacíos.

La evolución es un proceso Femenino lento e invisible; ocurre gradual y continuamente durante un largo periodo de tiempo.

La revolución, por otro lado, implica cambios repentinos e inesperados que involucran acción, un giro radical o algún tipo de ruptura del *status quo*. Ahí observamos la energía Masculina.

La astrología tiene un planeta Femenino que representa la evolución y un planeta Masculino que representa la revolución.

Signos del cinturón zodiacal

Cuando se desarrolló la astrología que conocemos en la actualidad, en la segunda mitad del primer milenio antes de la era común, se estableció un anillo alrededor de la Tierra llamado cinturón zodiacal. Este marco se basa en el efecto que los rayos del Sol tienen sobre la Tierra a lo largo de un año.

Cualquier druida antiguo de Stonehenge, o de las naciones celtas, te dirá que el solsticio de invierno, el equinoccio de primavera, el solsticio de verano y el equinoccio de otoño, marcan los cuatro días del año en los que el Sol alcanza un punto importante. Los cuatro puntos son las direcciones cardinales (norte, sur, este y oeste) y forman una cruz en el cielo.

Los primeros astrólogos tomaron esa cruz y dividieron cada uno de los cuatro cuadrantes en tres secciones más pequeñas. De esta manera, el círculo del cinturón zodiacal se dividió en 12 porciones de igual tamaño alrededor de la Tierra. ¡Y eso es todo! Realmente es así de simple. Observamos el Sol y los planetas **a través** de esos 12 signos del Zodiaco.

Otra forma de verlo es esta: los signos zodiacales de Aries, Tauro, Géminis, Cáncer, Leo, Virgo, Libra, Escorpio, Sagitario, Capricornio, Acuario y Piscis son simplemente 12 segmentos del cielo alrededor de la Tierra. En la práctica de la astrología, cada uno representa una **fuerza o energía psicológica**. Imagínalos como si tuvieran diferentes colores. Siguiendo con el ejemplo del Sol, sus rayos brillan a través del color o la energía del signo zodiacal.

Desafortunadamente, los nombres de los signos del zodiaco se copiaron de las constelaciones o patrones de estrellas más alejadas en el cielo. Esto ha causado una terrible confusión desde entonces, porque los astrónomos, por ejemplo, piensan que Aries es una constelación o patrón de estrellas en el cielo. Para los astrólogos, es una porción del cielo alrededor de la Tierra y **no tiene nada que ver** con la constelación o el patrón de estrellas. Esta desafortunada duplicación de nombres ocurre con todos los signos del zodiaco.

Diferencias entre signos solares y signos zodiacales

Hoy en día la palabra "signos" siempre se refiere a los signos del zodiaco. No usamos mucho el término completo, sino su abreviatura.

¿Qué significa "signo solar"? Antes de responder, debo aclarar que existe una gran cantidad de astrologías. En plural. Varias.

Probablemente hayas escuchado el término "astrología de signos solares" en columnas de horóscopos semanales o mensuales de periódicos o revistas. Esta variedad, utiliza el signo (la porción del cielo) en el que se encontraba el Sol al momento del nacimiento de la persona, y a partir de ahí construye cartas diferentes pero interpretables. Debemos agradecer a los astrólogos de los signos solares por mantener viva la astrología en la cultura popular desde principios del siglo XX, aunque sea un poco vaga. Sin embargo, los críticos de esta práctica suelen preguntarse cómo es que una doceava parte de la población puede tener la misma predicción.

Carta astral u horóscopo

Es un mapa que muestra la posición de los planetas, objetos espaciales y signos del zodiaco al momento del nacimiento de una persona. También incluye otra división de los 360 grados de la circunferencia alrededor de la persona en 12 segmentos irregulares llamados casas. Para leer este mapa, necesitamos conocer el significado psicológico de cada signo y casa. Por ahora, esto es suficiente; podemos incluir los planetas y objetos espaciales más adelante. Existen otras interpretaciones astrológicas, pero este libro trata sobre astrología psicológica, así que nos centraremos en eso.

Solo para prevenir la tentación de ir directamente a los signos que conoces e ignorar el resto, ten en cuenta que todos tenemos cada uno de los signos en nuestra carta astral, por lo que realmente tendrás que conocerlos todos de memoria.

2

Los cuatro elementos: Fuego, Tierra, Aire y Agua

Si echas un vistazo rápido la figura 1 verás que las dos polaridades de Masculino y Femenino se dividen en cuatro elementos: dos Masculinos y dos Femeninos.

Los dos elementos Masculinos son Fuego y Aire, y los dos Femeninos Agua y Tierra. Así, la unidad se convierte en cuatro.

Los dos elementos más espirituales son el Fuego Masculino y el Agua Femenina, y podemos identificar su presencia tanto en nuestra dimensión como en los reinos cuánticos invisibles u "oscuros" que las sustentan.

Todo lo que viene después de esto, incluyendo los signos del zodiaco, casas y planetas, están regidos por uno de estos cuatro elementos. Y dado que son principalmente Masculinos o Femeninos, ya posees suficiente información sobre ellos. Por ejemplo: Fuego y Aire son activos y fluyen hacia afuera, son directos y abiertos. El Agua y la Tierra, sin embargo, retienen las cosas, son cautelosos y pacientes.

Los elementos describen la motivación detrás de las acciones y elecciones de una persona. Aquí hay algunas palabras clave para cada elemento que vale la pena recordar:

Fuego	Aire	Tierra	Agua
Atención	Desprendimiento	Practicidad	Apego
Entusiasmo	Escrutinio	Realismo	Sensibilidad
Confianza	Lógica	Fiabilidad	Empatía
Drama	Amabilidad	Calma	Secretismo
Calidez	Sociabilidad	Moderación	Emoción

Figura 5. Palabras clave para los cuatro elementos

Elemento Fuego

Figura 6. Signos de Fuego

Para efectos de este libro, ¿podemos aceptar que el espíritu es Fuego y energía pura? Aquí reside toda la deidad; la creencia y la atención son los factores más cruciales. Cuando prestamos atención al Fuego, estamos trabajando con él. ¡El poder de la creencia probablemente no necesite presentación aquí!

Pensemos en el fuego que vemos en nuestra dimensión. Muéstraselo a un bebé y quedará hipnotizado. Es colorido, dramático e ilumina la oscuridad. Debido a que es tan volátil e impredecible, no se puede contener fácilmente, recordándonos que es una energía Masculina extrovertida. Siempre caliente e intocable, cautiva la atención y agita los sentidos. Debemos recordar que el fuego en la chimenea no se detiene a preguntar: "¿Qué trozo de carbón quemaré a continuación?". Simplemente quema todo lo que toca sin dudarlo. Esta es la esencia egocéntrica de este elemento, que no se somete a nadie.

Los signos de Fuego poseen energía, fuerza vital y espíritu. Los tres son muy rápidos y detestan esperar. No pierden el tiempo pensando o sopesando las cosas, simplemente avanzan con confianza e instinto. Con ellos se trata de intuición o reacciones viscerales en lugar de razonamiento, pues es así como "piensa" el Fuego, mediante la intuición.

La mente, el lenguaje y el análisis consciente pertenecen al elemento Aire y son una función separada de la intuición especial del Fuego, que es más rápida e inexplicable. Gracias a investigaciones recientes, ahora sabemos que el intestino es el segundo cerebro del cuerpo. Está recubierto por una red de neuronas que forman parte del sistema nervioso entérico. Por lo tanto, las discusiones sobre la intuición y reacciones viscerales ya no son ridiculizadas por los científicos.

Si alguna vez has ido de tiendas con alguien de Fuego, habrás notado cómo compra ropa. En lugar de detenerse y sostenerla frente al espejo, simplemente la toma al pasar y se dirige a la caja, sin probársela ni combinarla con accesorios. Parece saber lo que quiere en nanosegundos, lo cual es conveniente porque tampoco le gusta devolver ropa a la tienda. Retornar algo significa volver sobre lo hecho, y el Fuego odia mirar hacia atrás o admitir que tomó una decisión equivocada.

Vale la pena volver a la frase: **El fuego en la chimenea no se detiene a preguntar: "¿Qué trozo de carbón quemaré a continuación?"**. La velocidad del fuego es clave para entender la psicología de este elemento. Por ejemplo, le encantan las oportunidades de acción y exploración, los desafíos, las cosas por quemar y las puertas por atravesar. Su entusiasmo contagioso atrae admiradores.

La naturaleza orientada al futuro de Fuego está bendecida con una visión creativa, que no necesariamente se somete a un potencial realismo. El realismo se lo dejamos al elemento Tierra, ya que la practicidad no es una característica del reino del Fuego. Aquí es donde se crean los sueños, con todo el potencial visionario de *La Bella Durmiente* y la esperanza de un niño antes de Navidad.

Fuego sabe que todo es posible; puede ser, puede entrar y salir de la existencia, y las oportunidades que surgen de ello son ilimitadas. En este mundo de sueños y potencialidad, los dioses realmente **recompensan** a los creyentes con cierto éxito. Así llegamos al tema de la **creencia** y cómo esa creencia puede moldear la realidad. Hay una frase de una canción que dice: "Una vez concebida, una vez creída, la fantasía es la infancia de la realidad y, como una semilla, las visiones necesitan cuidados constantes...".

No cabe duda de que nuestras creencias ayudan a formar el futuro. Los experimentos de los físicos cuánticos confirman que la atención del observador convierte algo potencial en "realidad".

La creencia en la deidad y el homenaje a esos dioses aumentan la abundancia que recaerá sobre nosotros. La alabanza y la gratitud en realidad nutren la existencia de la divinidad. Manuscritos griegos del siglo VII a.C. mencionan la necesidad de preservar la vida humana a fin de asegurar la veneración de los dioses y diosas, garantizando la supervivencia del panteón del Olimpo. En el mundo del "hoy por ti, mañana por mí", los signos de Fuego tienen una creencia innata de que pueden permitirse correr riesgos porque sus dioses y diosas los salvarán. ¿Es eso a lo que llamamos suerte? Sí, creo que sí.

Y, ya que tocamos el tema, también podemos abordar la creencia inherente de que el elemento Fuego y sus tres signos del zodiaco "saben" que son divinos, o al menos están relacionados directamente con un ser supremo. Para quienes nacieron con la misión de expresar el elemento Fuego, este es un hecho simple y no representa ningún problema. Ellos son el centro absoluto de sus vidas, por lo que son considerados "egocéntricos". No olvidemos que hay energía divina en este elemento. Fuego es espíritu, aquel que se cierne sobre el elemento Agua en el libro del Génesis.

Como resultado, aquellos que viven usando o expresando el elemento Fuego tienen una gran fe en ellos mismos, una fuerza de propósito infinita y una honestidad muy directa. No son manipuladores; generalmente consiguen lo que quieren yendo directo al grano, por lo que no requieren subterfugios para ganar.

Imagina una reunión en la que hay un plato con galletas en el centro de la mesa. Estas son secas y aburridas, excepto por dos de chocolate que están arriba de las demás. Mientras que Tierra y Agua trabajan en tácticas engañosas para conseguir comerse las galletas de chocolate sin ser demasiado obvios, Fuego simplemente se inclina hacia la mesa, toma ambas galletas y dice: "¡Me encanta el chocolate, guardaré la otra para más tarde!".

Claro que hay algunos inconvenientes al tener una central eléctrica de Fuego por dentro. Las personas fogosas no pueden observar los detalles por un largo tiempo sin antes levantarse de la silla y escapar del confinamiento. Su umbral de aburrimiento es muy bajo, lo que los hace poco confiables y faltos de autocontrol.

En ese punto, podrías ser pisoteado o incinerado si estás en su camino. No es que Fuego sea insensible, a menudo se horrorizará por haberte lastimado, pero necesita liberarse de lo banal, monótono, detallado y aburrido. La necesidad imperiosa de brillar de manera intensa a veces significa que simplemente no puede pensar en nadie más. Esto se percibe como insensibilidad, si eres el receptor. Las personas fogosas pueden parecer voluntariosas y dominantes. Son capaces de actuar con tanta impulsividad y rapidez que, sin intención, terminan causando daño o hiriendo sentimientos.

El pensamiento limitado, la disciplina y la rigidez también harán que Fuego se rebele. Este se reafirma a sí mismo: "¡Tengo razón! ¡Lo que sé está bien y lo que quiero está bien!". En su opinión, las reglas están hechas para romperse. Es impaciente y desdeñoso con la autoridad. Cualquiera que esté en una posición superior es descartado automáticamente con comentarios mordaces. A Fuego le gusta pensar que es el ser con más superioridad del mundo.

Otro inconveniente de ser el objeto más brillante del montón, es la tendencia a exagerar y dramatizar todo. Lo que dicen puede dividirse a la mitad o duplicarse, porque a Fuego **le gustan** las cosas de colores vivos y atractivos, y necesita animar este mundo aburrido con fantasías e historias divertidas. De lo contrario, todo le parece demasiado monótono. Algunos perciben rápidamente que no pueden confiar en que las personas fogosas dirán siempre la verdad. Esto puede ser motivo de verguenza para ellas, ya que desean ser admiradas como Zeus, aunque razonablemente podrían ser calificadas como mentirosas.

Sin embargo, Fuego continuará embelleciendo sus historias, incluso si no queda nadie para escucharlas. Los sueños y las fantasías son tan necesarios para él como lo es el mar para un pez. Así como el pez moriría sin agua, Fuego se apagaría y extinguiría si no pudiera **creer** en los sueños, las visiones y la fantasía. Y esto no es solo algo triste de presenciar, sino que es causa de crisis para él y su espíritu. Nuestro mundo está construido sobre las **creencias** y la **atención**. No lo olvidemos, nuestra creencia en Fuego (y su espíritu), así como la atención que prestamos a las divinidades dentro de él, son lo que lo mantienen en marcha. Es como inflar un globo, en lugar de verlo arrugarse hasta que quede una delgada tira de goma.

Ahora que hemos hablado de las creencias, veamos las necesidades de atención. Aquellos que han sido bendecidos con una buena cantidad de Fuego en su carta astral, necesitan un tipo especial de atención. Sin ella, su confianza se tambalea y su Fuego interior lucha por expresarse, dejándolos como una sombra perdida de lo que podrían ser en la vida.

Esta atención, a la que podemos llamar “amor rojo”, necesita encontrarse en los ojos y en la voz adoradora de los padres de un niño Fuego durante su infancia y niñez. Esto es particularmente importante si el niño tiene una porción considerable del signo zodiacal Leo en su carta astral. El pequeño necesita elogios (¡y muchos!), simplemente por ser especial, más que por sus logros. Abordaremos este tema detalladamente en la sección de Leo.

Basta decir, por ahora, que el Fuego dentro de cada uno de nosotros (y su espíritu) debe ser venerado, nutrido y atesorado. Si te das cuenta de que probablemente esto faltó en tu infancia, no es demasiado tarde para darle un poco de amor rojo a tu niño interior, reconociendo tu singularidad, tu importancia y tu espíritu increíble.

Para terminar, hablemos de la relación de Fuego con el mundo material, la cual (en el mejor de los escenarios) podría describirse como inestable. Debido a la naturaleza incorpórea, espiritual y energética de Fuego, no existe la experiencia de estancamiento dentro un cuerpo material. Por eso, Fuego no se siente cómodo en su propia piel y no tiene una buena relación con los cuerpos, que llegan a ser una molestia y un misterio irritante. Recibí un comentario muy revelador de alguien que tiene casi toda su energía en Fuego. Esta persona recuerda haber tenido este pensamiento sobre su cuerpo a una edad temprana: "¿Qué es este lugar frío y húmedo en el que me han metido? Tan pesado y miserable, tan exigente y restrictivo".

"¡Vaya!", le respondí yo.

Con esto podemos concluir que Fuego no tiene idea sobre cómo lidiar con un cuerpo y tampoco quiere mantenerlo intacto. Alguien con mucho Fuego en su carta astral se someterá felizmente a una cirugía para eliminar cualquier aspecto que le moleste. Como Fuego es impaciente con las limitaciones corporales y la vejez, también será quien llene las salas de espera de los cirujanos plásticos en busca de la eterna juventud. O podría someterse a una miríada de tatuajes y perforaciones mientras aún es joven, quizás tratando de expresar sus instintos singulares de Fuego, o tratando de afirmar el control sobre u anatomía con la cual no está conforme. Sea cual sea la razón, a veces elige no dejar su cuerpo en paz y tiende a tener problemas con él.

Entonces, ¿qué sucede cuando se enferma? Todas las personas de Fuego son inútiles cuando se trata de enfermedades, ya sean propias o ajenas. ¡Cómo se atreve el cuerpo a hacer algo que no debería! Zeus no debería tener que lidiar con esto. Por lo tanto, generalmente dejan que alguien más terrenal se encargue de limpiar y curar su organismo. Si las personas de Fuego hacen algo, suele ser lo incorrecto.

Su dolor se centra en la falta de posición social, de importancia y de reconocimiento.

~ ARIES ~
Signo zodiacal de Fuego

Glifo ♈

Primer signo del cinturón zodiacal
Primer signo de Fuego
"Yo soy"
Regido por Marte
Su símbolo es el carnero

Este capítulo no habla sobre Aries como signo solar, sino que se refiere a la energía Aries que hasta cierto punto existe en todos nosotros. Las personas Aries o los tipo Aries que se analizan aquí, simplemente tienen más de esta energía que la mayoría.

La energía Aries es rápida, espontánea, intensa, pionera y muy centrada en sí misma. Las personas con energía Aries se pondrán a sí mismas primero cuando quieren algo. Lo que quieren, lo consiguen. Son personas impulsivas, con una necesidad urgente de autoafirmación y autonomía. Es una energía simple, directa, de blanco o negro, de todo o nada.

Todos los signos del zodiaco están regidos por un planeta. Aries está regido por Marte, el dios de la guerra, por lo que no debería sorprendernos que le encante la batalla y luche con entusiasmo por una causa. Blandiendo una espada, Aries se lanzará con todo a la refriega. Esta batalla podría ser por una causa noble ¡o una causa egoísta!, como los niños necesitados, los enfermos y los oprimidos, o tal vez solo por el más desvalido.

Pero lo que realmente los saca de quicio o, mejor dicho, lo que saca a los carneros del corral, es el gobierno de la sociedad. Las leyes, los sistemas de recaudación de impuestos, los sistemas de salud, el gobierno central, el gobierno local o cualquier vehículo de toma de decisiones comunitarias se convertirá en blanco de los comentarios mordaces y despectivos de Aries.

Su energía se mueve tan rápido que es asombrosa. Cosas tan simples como ducharse o colgar la ropa lavada para que se seque, las logra en tiempo récord. Una vez vi a un amigo Aries montar una tienda de campaña en minutos y sin seguir las instrucciones, mientras que el resto de nosotros apenas sacábamos las cosas de los autos.

Es una energía simple, pura y orientada a lo Masculino. Imagina a un hombre de las cavernas saliendo de su cueva, golpeando a una bestia con su garrote y arrastrándola de regreso a la guarida. En el caso de que la bestia dé una buena pelea y, aun así, Aries logre ganar, pues mucho mejor. Dicho esto, a los Aries no les gusta que los consideren rudos y brutales, sino más bien que se les vea como valientes.

Si bien es cierto que nunca tendremos la carta astral de Robin Hood, el héroe del siglo XIII que robaba a los ricos para favorecer a los pobres, es probable que haya tenido una buena dosis de energía Aries. Una carta astral que sí tenemos es la de Emma Watson, quien interpretó a Hermione Granger en las películas de Harry Potter; ella tiene una porción exagerada de Aries en su carta y se ha convertido en una activista global.

Keira Knightley es otro buen ejemplo porque, aunque algunos de sus papeles como actriz han sido bastante tranquilos, la fuerte influencia de su energía Aries puede reflejarse a través de la asombrosa lista de créditos como activista, que incluyen: Amnistía Internacional, Oxfam y organizaciones benéficas para refugiados a nivel global. La lista real de grupos de apoyo en los que está involucrada es mucho más larga que sus créditos en pantalla.

Por último, y porque lo amo, William Shatner, quien interpretara al apuesto Capitán James T. Kirk en la serie original *Viaje a las estrellas*, también tiene una fuerte influencia de la energía de Aries. En entrevistas, ha admitido que Jim Kirk y él son tan parecidos que simplemente estaba interpretándose a sí mismo. Por ello vemos liderazgo, coraje, habilidades de batalla y, por supuesto, a un defensor de la moral humana.

Como energía pionera orientada al "yo primero" y a lo Masculino, a Aries le agrada sujetar el timón del barco, y les disgusta recibir órdenes y estar bajo el dominio de otros. Si son restringidos, entonces el mal temperamento y la impaciencia crítica se apoderarán del cálido encanto que solemos ver cuando todo marcha bien con ellos.

Mientras vivía en Londres conocí a un director de escuela con el Sol en Aries, que acogía a todos los niños que las escuelas de clase media de los alrededores no aceptaban. Los niños podían haber sido expulsados de otra escuela por mal comportamiento, o eran refugiados que no hablaban inglés o no tenían zapatos para ponerse, pero él se enfrentaba al desafío al instante, creando más espacio en sus aulas superpobladas e ignorando a todos los padres horrorizados de clase media que luego retiraron a sus hijos en masa. Este director también presidió el sindicato de directores de escuela, y defendió las causas de protección a los maestros de la burocracia gubernamental y los aumentos salariales vinculados al rendimiento.

Seamos sinceros, Aries no es un buscador de la paz. Debido a que le encanta el combate, en realidad no quiere que la vida se vuelva utópica y justa para todos, porque entonces ya no habría lucha, y esta energía necesita un conflicto. ¿De qué sirve un soldado con una espada afilada y poderosa si no hay batalla donde usarla?

Otro inconveniente potencial es que a Aries no le gusta jugar en equipo. Su energía se centra en su propia necesidad de victoria, poder y gloria, a lo cual no renunciarán a menos que puedan ser líderes y sobresalir. No son adeptos en la gestión diplomática ni en el manejo paciente de la fuerza laboral.

La energía de Aries es difícil de sobrellevar si eres un subordinado. Los Aries pueden ser impacientes con las personas cercanas (o incluso las lejanas). Su temperamento es rápido y brusco si no se alcanza un cierto estándar. Posiblemente sea otra excusa para una cruzada, esta vez del lado de la perfección y en contra de los mortales más lentos o del trabajo percibido como descuidado. Por eso puede ser muy difícil convivir con ellos.

La irritabilidad y la mezquindad se vuelven aún más evidentes si Aries no usa su energía de manera constructiva y útil. Por ejemplo, si un personaje con energía fuerte de Aries trabaja como asistente de biblioteca, su energía guerrera acumulada y frustrada no tendrá una salida auténtica y digna. ¡Vaya problema!

Cuando Aries se descontrola se vuelve brutal e intimidante. Esta energía excesiva o frustrada también puede desencadenarse físicamente a través de dolores de cabeza, fiebres intensas, accidentes con objetos punzocortantes o quemaduras.

Aries es deportista, sobre todo con cualquier actividad competitiva que implique el "manejo de la espada/raqueta", tal como esgrima, *squash* o bádminton. Se ha demostrado que Marte, el regente planetario de este signo, es una energía significativa en las cartas de los atletas en general. Es posible identificarla en jugadores de futbol o rugby, ya que son los impulsivos que participan en una batalla no solo contra el otro equipo, sino también con el árbitro.

Curiosamente, Aries no suele mostrar vulnerabilidad al calor de la batalla, por lo que, si un jugador de futbol de este signo se arroja al suelo por una supuesta agonía, lo hará como una parte extravagante y llamativa del juego; y es que él no demostraría su dolor de forma espontánea en ninguna instancia. Por eso el rugby es mucho más natural para Aries, porque es un blandengue quien flaquea por una rotura de clavícula y abandona la batalla antes del descanso. Eso sí, una vez fuera del campo, Aries será el llorón que necesita el consuelo de su madre.

Con todo este celo por la batalla, se esperaría que esta energía los hiciera malos perdedores, pero la realidad es que Aries puede ser extrañamente caballeroso si no reconoce al oponente como un rival que esté a la altura de sus tácticas guerreras. Es como los niños pequeños, a quienes se les deja ganar en los juegos de mesa. Si, por el contrario, el oponente da una pelea pareja o superior, como el gobierno británico, entonces Aries no pierde ante tales circunstancias y simplemente sigue dando la pelea.

El Fuego tiene un espíritu Masculino y pionero, y la energía de Aries lo tipifica en su necesidad de liderar, iniciar e instigar. Debido a que su instinto primordial es brotar de la masa indiferenciada que precede a la vida tal como la conocemos, salta audazmente hacia adelante y lidera el camino. Por lo tanto, los Aries actúan como líderes naturales y, como resultado, atraen roles de liderazgo. Es una necesidad pionera de estar al frente o al timón gritando "¡Por aquí!" a las tropas que los siguen. Recuerda que esta energía es simple, directa y sin complicaciones. De hecho, tampoco los motiva un cheque o su sueldo; si un trabajo ofrece autonomía absoluta, sin interferencias, preferirán ese cargo en vez de uno mejor pagado que los ate a un comité mensual. El impulso del "yo primero" es mucho más fuerte que el anhelo de hacer más dinero, algo que Aries, felizmente, deja que los demás tengan.

Cuando se trata de dinero, algunas personas recurren a la astucia, incluso a las trampas; esto confunde a la energía Aries, que es mucho más directa. A menudo no ven venir el engaño y su ingenuidad financiera puede ser abusada por los depredadores más manipuladores y reservados. La energía Aries no es indefensa ni estúpida, simplemente no puede ser engañosa por su cuenta y, por lo tanto, no tiene la capacidad de sospechar estas características en los demás. No olvides que Aries no se detiene a pensar en los motivos de los otros; al estar tan absorbido por sus propios impulsos no es capaz de llegar tan lejos.

Si sumamos dicha inocencia en relación a las motivaciones de los demás a la tendencia de Aries por ayudar a los desvalidos, veremos cómo este se convierte en alguien muy vulnerable. Los Aries son las personas indicadas para pedirles diez dólares prestados, pues a menudo no suelen requerirlos de vuelta. El dinero no es tan importante para ellos, por lo que pueden ser muy generosos con sus amigos, lo que me lleva a decir que a veces simplemente no se ayudan a sí mismos.

Tal es la impaciencia de Aries con los detalles y el dinero que son extremadamente malos para manejar cosas como las cuentas tributarias. Y, si consideras la cantidad de ellos que trabajan de forma independiente, este debe ser un problema irritante para muchas personas regidas por esta energía.

En el romance, los Aries son interesantes, ya que les encanta estar enamorados y se lanzan de cabeza sin pensar, sobre todo, si se trata de una pareja difícil de conquistar. Si no, ¡ellos podrían salir corriendo rápidamente! Cuando experimentan el amor, son románticos y fieles, y capaces de sentir una gran ternura... por un tiempo. Pero una vez que Aries ha perseguido y finalmente capturado el objeto de su deseo, puede aburrirse y necesitar más estimulación. Donde esta energía está presente, debe haber suficiente dinamismo; si no, de seguro habrá mucho deporte y acción, y surgirán problemas.

Cuando la energía Aries está aburrida, se vuelve extremadamente irritable y malhumorada. Es mejor evitarlos a toda costa, porque la mezquindad y la irracionalidad estarán respaldadas por un temperamento violento. Es sensato mantener a Aries en el camino de las cruzadas, la exploración o el deporte y contratar a alguien que ayude con la limpieza, el jardín o la contabilidad, para que las cosas tiendan hacia la felicidad conyugal y doméstica. Esto hará que la vida con ellos sea más tranquila y menos estresante.

Un Aries agobiado por el aburrimiento buscará aliviarlo luchando con la cortadora de césped, o contigo, gritándote y chillándote por no "hacer nada", mientras él "hace todo el trabajo". No puedes discutir, no puedes señalar que tú lavaste los platos, cambiaste los pañales o metiste la ropa a la secadora. Ellos no lo ven porque son detalles. Y, de todos modos, requieren de una batalla... y tú les servirás de contrincante.

Hay que señalar que una naturaleza fuertemente Ariana es más difícil para las mujeres que para los hombres cuando se trata de la convivencia, la domesticidad y la crianza de los hijos. Un hombre se unirá a un club de *squash* y no volverá a casa, pero ella solo podrá hervir de la furia, romper platos y enojarse por su ausencia. Pero hará lo mismo cuando él esté en casa.

Una mujer Aries necesita desesperadamente del mismo tipo de desafío que un hombre para salir adelante. Hornear galletas para la venta de pasteles escolares y buscar las mejores ofertas en un supermercado no le proporcionará eso que ella busca. Entonces, se sentirá atrapada, miserable, extremadamente irritable y terminará siendo mandona. Probablemente sería bueno considerar inscribir a los niños en una guardería, para que sus fortalezas de liderazgo, y sus habilidades dinámicas y pioneras, puedan desarrollarse adecuadamente en el trabajo. Como es un torbellino veloz, también podría lidiar fácilmente con las tareas del hogar. Sacarla del mundo comercial o empresarial durante, más o menos, 15 años podría significar que no pueda alcanzar el puesto de alta dirección para el que realmente es capaz.

Una característica interesante de las personas Aries es que rara vez se entregan al chisme. En primer lugar, los demás no son tan interesantes; después de todo, Aries es un signo egocéntrico. En segundo lugar, el chisme requiere sutileza y cuidado con lo que uno le repite a otro, y Aries no es capaz de hacerlo. Y, en tercer lugar, son protectores de sus amistades, por lo que no les gusta insultarlos o desacreditarlos. Sin embargo, sus relaciones de amistad tienden a funcionar mejor cuando son lideradas por ellos.

Por último, los Aries odian a los dentistas; después de todo, no es una batalla justa. El dentista sostiene un objeto afilado y puntiagudo, mientras que Aries no puede saltar y defenderse con otra arma. Las personas regidas por esta energía odian secretamente el sufrimiento y pueden ser unos verdaderos llorones con el dolor de muelas, las migrañas y los dolores de cabeza, que los padecen más que la mayoría. Esto se debe a que el elemento Fuego actúa desde el intestino (instinto visceral), por lo que cuando su energía fogosa está bloqueada, suelen experimentar trastornos estomacales e intestinales. El Fuego comienza a quemar el intestino. Y como todos los signos de Fuego, Aries es culpable de ignorar el bienestar de su cuerpo, y aunque le encantan los deportes, no los practica por motivos de salud.

~ LEO ~
Signo zodiacal de Fuego

Glifo ♌

Quinto signo del cinturón zodiacal

Signo medio de Fuego

"Lo haré"

Regido por el Sol

Su símbolo es el león

Este capítulo no habla sobre Leo como signo solar, sino que se refiere a la energía Leo que hasta cierto punto existe en todos nosotros. Las personas Leo o los tipo Leo que se analizan aquí, simplemente tienen más de esta energía que la mayoría.

"Soy como soy, mi propia creación especial". Esta frase, traducción de una canción en inglés, me recuerda mucho a Leo. La palabra "orgullo" encaja bien con este signo, cuyo símbolo es el león. Ser orgulloso y tener orgullo son atributos muy leoninos.

Sin embargo, de los signos de Fuego es el medio y, como tal, a menudo soporta una gran cantidad de dolor a la vez que se destaca por dones como el humor y la habilidad para el entretenimiento dramático.

Leo tiene la necesidad de sentirse especial, único e importante. Necesitamos sentirnos importantes para poder amarnos y querer lo mejor para nosotros. Solo así tendremos confianza en nuestra capacidad para decidir por nosotros mismos, saber cómo queremos expresarnos, cómo queremos ser creativos y cómo reír, amar, disfrutar y jugar.

Pero al esforzarnos en estos aspectos, entendemos el dolor que causa la negación de la autoexpresión. Porque exhibirnos y brillar con toda la intensidad posible significa buscar atención y ser extravagantes, lo cual atraerá a aquellos que intentan privarnos de eso y aplastar nuestra necesidad de ser especiales. Por ello tenemos que ser lo suficientemente audaces para brillar de todos modos, sin permitir que el dolor de la desaprobación apague nuestra luz.

Durante nuestra infancia y adolescencia, la admiración, la atención y los elogios de nuestros padres deben hacernos sentir especiales. A esto lo llamo amor rojo y nuestro Leo, en particular, lo necesita. Existe una serie de estudios académicos que muestra una fuerte correlación entre la admiración de los padres y los logros y la felicidad a futuro de un niño. No estoy acusando a los padres de no amar a sus hijos; pero es **el color con el que aman** lo que tiene un efecto tan perjudicial. Esto se analiza en otra parte del libro, pero repetirlo vale la pena. Los padres pueden amar en azul, preocupándose por la salud y el bienestar de sus hijos; pero diciéndoles que se laven las manos constantemente no fomentarán su autoestima. Cuando un padre observa a un hijo con admiración, algo extraordinario se transmite al espíritu de ese niño. Y así crece.

Buscamos la aprobación del grupo de compañeros en la escuela. Queremos brillar. Queremos agradar para sentirnos bien. Y cuando no lo hacemos, cuando los otros niños son crueles y nuestros padres no parecen admirarnos ni alabarnos, aquellos con energía Leo prominente sienten el intenso dolor interno del rechazo, el desconcierto por la falta de aprobación y el sentimiento devastador de no ser amado, y por lo tanto no pueden brillar de manera importante.

Como Leo necesita llamar la atención, intenta validar su autoestima a través de su impacto en los demás, inflando y exhibiendo su importancia, tal como un león majestuoso que ruge en la jungla y exige que lo escuchen. Y aquí es donde todo se tuerce, porque cuanto más se esfuerza Leo por agradar, más lo ven los demás como demasiado dramático, autoritario, arrogante y egocéntrico. El pobre Leo se siente atormentado y herido, y no puede entender esta falta de aprecio. En el fondo, anhela amor y afecto, y no solo se emociona con la adoración y el elogio, sino que se siente hambriento si esto le falta.

Entonces, Leo intentará de diferentes maneras ser querido y admirado, y generalmente descubre que el humor funciona mejor. Tiene un corazón enorme y pronto aprende que el público aprecia un enfoque generoso, magnánimo, deslumbrante y amoroso. Y con el Sol como regente, ningún signo del zodiaco podrá hacerte sentir más especial, mientras disfrutas de toda esa calidez radiante.

Pensarías que como a Leo lo motiva poder expresarse primero, entonces no es capaz de reconocer a los simples mortales que están a su alrededor, pero la energía de Leo ama tanto el afecto y los elogios, que está dispuesta a dar esto generosamente a cambio de una audiencia adoradora y agradecida. Leo puede ser extravagante con el dinero y los cumplidos, que se entregan de manera tan directa y abierta dejando a los receptores deslumbrados y aturdidos por la generosidad y la calidez. Su energía conquista a las personas con la misma facilidad con que puede repelerlas. Pueden iluminar una habitación con su hospitalidad amistosa y su GRAN personalidad.

A veces son como un rey noble y real que reparte generosamente regalos de aprobación a sus súbditos y, a cambio, disfruta de una audiencia cautivada y amorosa. Sin embargo, esperemos que los súbditos tengan tolerancia y comprensión, porque de lo contrario la desaprobación del monarca y las acciones autoritarias y repentinas podrían ser igualmente sorprendentes. Y el rugido del león, sin duda, puede ser brutal.

Cuando el león pierde los estribos y comienza a desbocarse por la jungla, hay un par de cosas que debemos recordar: no guarda rencor y los estados de ánimo de "no te hablaré más", tan comunes en los signos de Agua, son poco comunes en Leo. Todo termina relativamente rápido. Apelar a su orgullo puede ayudar a mejorar la situación. ¡Leo se apacigua increíble y rápidamente con los halagos!

Inténtalo alguna vez y quedarás impresionado. Creo que fue Linda Goodman la que sugirió esto por primera vez, en su libro sobre los signos solares. Yo lo he empleado desde entonces y sigue funcionando. Cuando el rugido esté en su apogeo, di algo como: "¡Dios mío! Eres tan poderoso e hipnótico cuando te enojas, que haces que tus ojos brillen. Podrías ser un dios". Hablo en serio, puede llegar a ser así de ridículo.

El león se detendrá en medio de la discusión, su mandíbula se relajará y luego se cerrará, con una última frase gruñona como: "No creas que voy a olvidar esto" o "No creas que no sé lo que estás haciendo". Y poco después dirá: "¿Tú crees? Supongo que siempre he demostrado bastante sabiduría. Tú también eres muy sabio (sabia)". Porque siempre están dispuestos a repartir generosamente comentarios magnánimos a los demás.

La vanidad de Leo es punto y aparte. Esta energía adora posar frente a los espejos, ya que incluso la atención que recibe de sí mismo reafirma su existencia. Recuerdan la frase "Porque lo valgo", y su energía positiva ciertamente se cree merecedora de eso. Los Leo se adornarán suntuosamente, con ostentación y estilo. Los colores de las llamas les resultan atractivos y el rojo está muy presente. Fíjate cuántos personajes con una fuerte energía Leo conducen un auto deportivo de color rojo brillante. Y más que conducirlo, lo llevan puesto. ¡Ja! Así el león se siente debidamente ataviado. Y aunque los colores rojos no estén a la vista, el impacto sí lo estará, acaso con un gran peinado, largo y rizado, como la melena de un león, o tal vez con mucha joyería. Tanto Madonna como Marilyn Monroe manifestaron una energía Leo prominente en sus cartas astrales.

A Leo le preocupa mucho su imagen, apariencia y popularidad, y odia las críticas. Si le señalas una mancha en la camisa, la restregará con impaciencia, como si pudiera erradicar la mancha de un manotazo y devolver así la atención del público a su radiante presencia.

Una característica clave de Leo es su peculiar excentricidad, que nace de su amplia visión creativa (al ver las cosas de distinta forma a otros signos del zodiaco) y de su necesidad de ser auténtico. Esto significa destacar entre la multitud y no conformarse con las corrientes dominantes. Para Leo, ser igual que los demás es estar cerca de la muerte. Necesita ser único por encima de todo, incluso si eso implica recibir críticas, las cuales hará a un lado o simplemente no las escuchará, por muy duras que sean. ¡Lo que importa es ser diferente! (está emparejado con Acuario y sucede lo mismo con los acuarianos).

Esta energía no es sutil. ¿Acaso el sol brilla con timidez? Quizás puede ocultar la fuerza de sus rayos detrás de las nubes, pero cuando se asoma lo hace con todo su esplendor. No hay un interruptor que atenúe su intensidad. Lo mismo pasa con Leo. Son todo o nada, blanco o negro, sin grises ni medias tintas. Te dan toda su energía o no serían ellos mismos.

Los Leo no entienden de advertencias para dejar de ser tan autoritarios, ni de peticiones para ser más silenciosos. ¿Cómo pueden ser más discretos? ¿Cómo ser menos evidentes? Es imposible. Bajar el tono supondría apagarse y Leo no nació para eso. La atención lo es todo.

Como signo de Fuego, es romántico y visionario, y ve el enorme potencial y las coloridas posibilidades de la vida, llenas de historias, imaginación y diversión. ¿Una realidad aburrida? ¡No para Leo! Ellos embellecerán una historia añadiendo detalles llamativos para causar un mayor impacto. Odia los finales predecibles. ¡Así que toma con cautela lo que dice Leo, podría ser la mitad de cierto o el doble de dramático! Y lo irónico es que a ellos mismos no les gustan las ambigüedades.

Las "mentiras" de Leo no son manipulaciones, sino más bien exageraciones. También pueden mentir para evitar problemas, pero no lo hacen con mucha habilidad y son fácilmente descubiertos.

Este es el signo del amor, del GRAN amor, con toda la pasión y la emoción del galante pretendiente que hace declaraciones extravagantes y gestos enormemente románticos. Como podrás imaginar, a Leo le cuesta resistirse a algo que parezca emocionante y nuevo.

Es un signo leal y honorable en el amor. Los Leo son sensibles al dolor de los demás, ya que ellos mismos han sufrido mucho por las heridas de la crueldad y no quieren que eso le ocurra a nadie más. Por eso pueden ser excepcionalmente leales y solidarios cuando perciben dolor en los otros.

Sin embargo, debido a que Leo tiene una energía egocéntrica, sin querer pueden parecer indiferentes e insensibles. Conozco a un hombre Leo que se dirigió a su compañera cuando empezaba a llover y le pidió el abrigo que ella llevaba. Pensando que se lo pondría a ella sobre los hombros, se lo entregó. ¡Él le dio las gracias, se lo puso sobre su cabeza y siguió caminando!

Este mismo hombre Leo contrató un seguro médico solo para él y no para su mujer cuando cumplieron los sesenta años, alegando que no podía pagar los dos y que él tenía prioridad porque era quien ganaba el dinero. No pretendía ser insensible, realmente pensaba que era más importante.

Esto también demuestra el enfoque idiosincrático de Leo hacia el dinero. Su energía es fastuosa y extravagante cuando quiere, y las personas de este tipo son conocidas por su generosidad espontánea, pero también por mostrar una actitud realmente torpe e ingenua a la hora de controlar y presupuestar. Leo no puede lidiar con las finanzas y las cuentas; odia el detalle y la monotonía.

Además, Leo desperdicia mucho por no cuidar sus pertenencias. Su entorno suele estar desordenado y desorganizado, por lo que las cosas se rompen y se pierden. Las personas tipo Leo luego se enojan con el "objeto" y lo culpan a él y a su propia "mala suerte". No se dan cuenta de que se rompió porque no lo cuidaron. Y a pesar de todo su Fuego, son notoriamente perezosos; piensa en unos leones holgazaneando en la sabana. Odian ordenar y esperan que otros lo hagan por ellos.

La inflexibilidad puede ser un problema. Son bastante rígidos y están casados con sus propias ideas. Es difícil oponerse a su enorme fuerza de voluntad.

A menudo tienen conflictos con la figura paterna. Parecería que a Leo no le agrada la forma en la que un padre entrega su amor. Puede que el padre esté ausente más a menudo de lo que a Leo le gustaría, o que no muestre aprecio y admiración de la manera en que él lo necesita. Cuando estamos frente a un caso de "de tal palo, tal astilla", quizás entonces el padre también sea leonino, por lo que el escenario en casa simplemente no era lo suficientemente grande como para dos personalidades Leo, ambas esperando que el otro sea el público.

Parece que a la energía Leo le conviene sufrir de joven para aceptar que lo mejor es aprender a sentirse bien con ellos mismos. Deben entender cómo darse a sí mismos ese amor rojo y sanar a su niño interior. Necesitan hacer esto para recoger su propio sentido de poder, a fin de estar preparados para el mundo exterior.

Sin una gran sensación de fuerza interior, sentirán envidia del poder de los demás y se preguntarán por el origen de esos sentimientos de resentimiento. Por eso tienen que desarrollar un fuerte impulso de autorreconocimiento; de esto trata ser Leo. Los leones tienen que encontrar su independencia y espacio individual, creando sus propias vidas.

Por último, la energía Leo suele estar propensa al trastorno afectivo estacional. Todos los signos de Fuego necesitan de la luz del sol, pero los Leo son los más sensibles a su ausencia, por lo que sufren durante los oscuros inviernos.

~ SAGITARIO ~
Signo zodiacal de Fuego

Glifo ♐

Noveno signo del cinturón zodiacal
Signo de Fuego más alto
"Yo sé"
Regido por Júpiter
Su símbolo es el centauro disparando una flecha

Este capítulo no habla sobre Sagitario como signo solar, sino que se refiere a la energía Sagitario que hasta cierto punto existe en todos nosotros. Las personas Sagitarianas o los tipo Sagitario que se analizan aquí, simplemente tienen más de esta energía que la mayoría.

Una cosa quedará muy clara después de leer esta sección: cuando conoces a uno, la energía de Sagitario es inconfundible.

Así que, digámoslo de una vez: a pocos Sagitarios les importará lo que he escrito aquí, porque solo hay una opinión que cuenta... la suya. De hecho, es muy probable que ningún Sagitario lea esto nunca. Así que lo escribo para todas las parejas de personas de este tipo, a quienes les encantaría saber por qué son como son.

Al conocerlos, probablemente pienses que son extremadamente sabios y superiores. Los hombres, en particular, tienen un aire de dioses. Pero después de un tiempo, se vuelve obvio que sus afirmaciones tienen fallas y que tal vez no sepan tanto de lo que hablan. Sin embargo, su confianza es tal que nadie los cuestiona.

La energía de Sagitario se encuentra en las esferas más altas de la política; también los jueces, magistrados y abogados son Sagitarianos por naturaleza. Luego están los consultores de este mundo, que aparentemente también lo saben todo.

La comunidad espiritual o metafísica atrae a aquellos que sienten que su sabiduría debería ser compartida. Esta también es la energía de la predicación y el dogma religioso: la actitud de "más santo que tú". Esto significa que, de hecho, Sagitario puede ser "más santo que tú" o resentir esa actitud cuando la encuentra en otros. ¡Y vaya que Sagitario odia esto en los demás!

Si nos detenemos un momento en la educación, Sagitario rige la enseñanza y la educación superior. Imagina a los catedráticos de las universidades. Si estás aprendiendo, estás en la energía de Géminis; pero si estás enseñando, seguramente estarás en la energía de Sagitario. Este es el signo de la confianza, aquí es donde ella habita. Y ¿qué diferencia puede suponer esto para cualquier cosa que intentemos hacer?

A Sagitario le encantan la aventura y los desafíos porque no tiene miedo. Casi es inmune al temor. Esta energía navega muy cerca del viento y logra salirse con la suya. Se arriesga, y le funciona porque cuenta con el respaldo del elemento Fuego. Es el signo más elevado del Fuego y su manifestación más magnífica. Aquí, el espíritu aventurero corre con libertad, con toda la audacia e impulsividad de los temerarios.

Esta parte de tu carta astral es donde menos preocupaciones tienes de todo el zodiaco. Ninguna otra cosa, aparte de Júpiter (el planeta regente de Sagitario), puede hacerte sentir tan omnipotente y optimista. Se trata de ser invencible, audaz, omnisciente e incontenible. Un poco como el Dios del Antiguo Testamento, que aparece en llamas, es pomposo y arrogante, y asume la autoridad sin dudarlo.

Júpiter, el planeta más grande del sistema solar, rige a Sagitario, y esto tiene sentido. Júpiter es el nombre romano del Zeus griego, el rey de los dioses, con un ego a la altura de su papel.

O sea que, Leo tiene la prestigiosa asociación con el "rey de los mortales", pero Sagitario está regido por el rey de los dioses del Olimpo, y eso está un escalón más arriba. Por lo tanto, Leo no es el signo de Fuego más elevado o influyente. Y en eso radica el problema de Leo: le molesta no ser omnipotente, ser vulnerable y no ser tan impenetrable como Sagitario. Ser el segundo al mando tal vez sea algo parecido al síndrome del hijo del medio.

Y ya que estamos hablando del Olimpo y el culto, debemos tener en cuenta otras religiones, especialmente las monoteístas, como el cristianismo, el islamismo y el judaísmo. Estas llevan incorporada una jerarquía de pomposidad y autoridad que atrae a la naturaleza Sagitariana. Títulos como "su santidad", "su eminencia" y "reverendísimo" dejan ver cómo Sagitario gravita naturalmente hacia el estatus. Eso y el hecho de poder predicar a los demás de forma legítima.

Pero la religión puede ser un tema complejo para los Sagitarianos fuertes. De un modo u otro, experimentarán grandes cambios en sus creencias, en su búsqueda de la verdad, que saben que está allá afuera. O serán ridículamente dogmáticos en la doctrina que hayan elegido, de modo que alejarán cualquier posibilidad de duda y cambio. Algo como los predicadores que pueden verse en los canales religiosos de Estados Unidos. O rechazarán todas las religiones organizadas y tradicionales y se inclinarán hacia lo esotérico, lo oculto, lo metafísico, lo pagano o lo panteísta.

Quienes cambian de religión lo hacen porque encuentran fallas en la doctrina que se les predica. Sagitario busca la verdad. Esta debe resonar con ellos, ser reveladora, transformadora, iluminadora y poderosa. También es necesario que sea un viaje sin fin con más revelaciones, más iluminación, más transformación y luego más búsqueda. El viaje Sagitariano puede ser mental o físico, pero su favorito es el de las creencias espirituales o religiosas.

Dado que Sagitario se refiere a la sabiduría y a los significados más elevados, los primeros años de las personas Sagitarianas no son especialmente buenos. Reconocen a un mal profesor de inmediato y se rebelan porque la verdad que les enseñan no es la correcta. Esto no va bien con muchas escuelas tradicionales. A los jóvenes Sagitario les iría mejor si los dejaran aprender por su cuenta ayudados del internet. Así encontrarán a los profesores que necesitan escuchar y eventualmente se enseñarán a sí mismos, porque les encanta enseñar. Tienen mentes inteligentes, estándares altos, un intelecto superior y luchan por la excelencia. Sin embargo, aunque aprender no es algo que les entusiasme, no se cansarán de hacerlo si sienten que están escuchando a los mejores.

Si bien son buenos maestros al principio, a medida que envejecen se desilusionan con el sistema educativo y eventualmente le encuentran tantas fallas, que tiran la toalla y buscan en otro lado la respuesta suprema, la verdad o la iluminación perfecta.

No es difícil encontrar a un Sagitario rebelde; lo son por naturaleza. Odian las reglas con fervor y siempre se niegan a hacer lo que se supone que deben hacer. Simplemente no les gusta que les digan qué hacer.

Se dice que a los Sagitario les encanta el viaje, no el destino, pero no estoy tan segura de ello. Cuando vamos de vacaciones hay un destino, y a pesar de ello, a la energía Sagitario le gusta eso. Quizás lo que importa es la estimulación constante de un flujo de nuevas experiencias. Seguir descubriendo y experimentando. El símbolo de Sagitario es un arquero que dispara flechas y las sigue. Y como las flechas aterrizan en algún lugar, creo que un destino está bien, siempre y cuando haya otro. Encontrarás a Sagitario conduciendo camiones y pasando de entregas locales a entregas de largas distancias muy rápidamente. O podrían hacerse agentes de viajes, para aprovechar al máximo los beneficios de los viajes gratuitos.

Los Sagitarianos fuertes no son los mejores candidatos a optar por premios por años de servicio, pues tienden a moverse implacablemente y con inquietud. Para ellos, el pasto del vecino siempre parece estar más verde.

Consideremos algunas habilidades interpersonales. Siento ser directa en esta parte (debe de ser el lado Sagitariano que hay en mí), pero la capacidad de escucha del arquero es casi nula. Rara vez prestan atención a los demás. Tienen un oído selectivo y, cuando alguien está hablando, se desconectan porque ya lo saben todo. Se limitan a esperar que se abra un espacio en la conversación para seguir pontificando. Curiosamente, tampoco siguen un dedo que les señale. Digamos que intentas mostrarles algo en un mapa, así que señalas un lugar mientras se los explicas. Fíjate en sus ojos y notarás que no están viendo hacia el punto que señalas. No pueden, porque no son capaces de hacer lo que alguien más les pide. Seguir un dedo que señala sería como seguir las indicaciones de otra persona.

Del mismo modo, no escucharán sugerencias o consejos amables. Así, cuando te sientas frustrado y les grites, se indignarán y dirán con altivez: "No hace falta que me grites. ¿Cómo puedes hablarme así?". Aunque desde un inicio te estuvieron ignorando.

¿Puedes creer que el GPS de un auto puede generarle "problemas" interpersonales a Sagitario? Por un lado, los ayuda en sus viajes, y ya sabemos cuánto les encantan los viajes. Pero, por el otro, ¡no les gusta que les digan lo que tienen que hacer! De este modo, normalmente bajan el volumen y se limitan a mirar la pantalla en movimiento. Esto es algo inseguro, pero el Fuego superior no tiene paciencia para la "seguridad". Si eres un dios, eres inmortal y vivirás para siempre. Y para apaciguar cualquier sentimiento de sumisión por tener que recibir instrucciones de "la mujer del dispositivo" (como escuché a uno decir), despotrican de lo "incorrecta" e "inferior" que es esta tecnología. Esto les ayuda a establecer un sentimiento de superioridad ante la situación. Sospecho que este rasgo también se da en Aries y Leo. ¿Tú qué piensas?

Te dirán que tienen una memoria fantástica, y puede que la tengan para cosas que les interesan, pero los detalles normales no los retienen de forma natural. Sus vidas giran en torno al futuro, no al pasado; no les conviene recordar cosas en las que ellos se equivocaron y tú tuviste la razón. Sobre todo, odian que se les demuestre que están equivocados, porque para ellos es la "muerte". No pueden soportarlo. Así que su mejor defensa es olvidar o no recordar. De esa forma, nunca se equivocan, pues ignoran sus propios errores. Los pasan por alto y se vuelven MUY resentidos cuando se les mencionan los errores del pasado.

Entonces, teniendo en cuenta la pérdida de memoria selectiva y las deficiencias para escuchar, ¿los Sagitario tienen muchos amigos? Pues sí, de hecho, los tienen porque pueden ser interesantes en este aspecto. Son espontáneos, desbordantes y divertidos. Pero todo ese Fuego es difícil de contener. Algunos, especialmente aquellos con ascendente en Sagitario, gesticulan o te dan golpecitos para enfatizar un punto.

Pueden invadir tu espacio personal con acciones inapropiadas o intentar darle un gran beso en la mejilla a alguien que prefiere mantener las distancias.

Sin embargo, su entusiasmo es contagioso y serán "el alma de la fiesta". Observa cómo saltan para ser los primeros en el escenario en una noche de karaoke. Al Fuego le encanta actuar y divertirse, incluso sin estar en un escenario. Su espontaneidad puede alegrar los días oscuros de invierno, pero puede resultar también un poco molesta si llegan a tu puerta sin previo aviso, como algunos acostumbran hacer... "¡Sorpresa!" Y ahí estás tú, con un pijama viejo y vergonzoso, sin peinar y con las ollas sucias de la noche anterior desbordándose en el fregadero de la cocina. En ese momento, podrías asesinar su espontaneidad.

Los que tenemos una buena dosis de Fuego en nuestra carta astral amamos los retos y la emoción del peligro. Los Sagitarianos son auténticos temerarios. Se lanzan con entusiasmo a cualquier cosa y a menudo se salen con la suya. Si el optimismo infinito realmente puede cambiar el curso del destino, entonces esta es la energía que hay que envidiar. Sin embargo, el optimismo infinito puede llegar a excluir a la realidad, por lo que harán afirmaciones descabelladas o ingenuas sobre resultados positivos y esperados que simplemente no son posibles. Podrían plantarse en medio de un huracán y decir: "Todo irá bien en una o dos horas, ya lo verás". Hacen afirmaciones grandiosas, IMPORTANTES, respaldadas por un aire superior de conocimiento. Y tienen una fe ilimitada en el mañana, porque a pesar de toda la evidencia que exista en su contra, esperan ingenuamente que todo salga bien.

Quizás ha llegado el momento de pensar cómo la energía Sagitariana encara las relaciones de pareja. ¡Tras haber leído hasta aquí, tal vez te imagines lo que voy a decir! La buena noticia es que el comienzo siempre es bueno. La novedad y la emoción embriagan a quienes buscan experiencias emocionantes. Al igual que el Fuego en general, la energía Sagitariana irrumpe con toda la pasión desenfrenada de Zeus, persiguiendo una conquista en el Olimpo.

Y es aquí cuando surge el "pero". Tan pronto como la relación pierde su novedad, Sagitario comienza a perder el interés. Solamente aquellas energías de la carta astral que aman la seguridad mantendrán a esa persona en una relación a largo plazo. El problema es que la energía de Sagitario necesita un flujo constante de experiencias nuevas y horizontes diferentes por conquistar. Segar el pasto o pasar la aspiradora es similar a estar encarcelado en el Tártaro. Y tener que cortar el mismo césped o aspirar la misma alfombra una vez a la semana, los volverá locos de aburrimiento. Esta es una energía inquieta que debe seguir avanzando hacia diferentes territorios. Para mantenerlos a tu lado tienes que seguir reinventándote y mantenerte siempre en la delantera, para que no puedan atraparte. La relación debe ser móvil, que incluya muchos viajes y búsquedas, pero no vacaciones en la casa de la playa. Esta energía necesita actividad y múltiples paradas. Haz reservaciones para escapadas llenas de aventura, o te enloquecerán recorriendo de arriba abajo la orilla de la playa. Los Sagitarianos no se tumban en una esterilla sobre la arena, a menos que estén dormidos. Relajarse y reflexionar mientras les dan un masaje no es lo suyo.

La idea del matrimonio no les atrae mucho. Tal vez lo intenten una vez de jóvenes, o incluso caigan en la trampa una segunda vez, pero no más. A partir de ese momento, como ya habrán pasado por eso, no habrá la posibilidad de una tercera vez. De hecho, esa puede ser la relación que mejor les funcione. Un amigo, un compañero de viaje o un "solucionador" de problemas en general es la mejor pareja para los tipo Sagitario. Y son tan descuidados con las llaves, las pertenencias y el orden, como todos los signos de Fuego, por lo que un compañero que les arregle sus cosas es muy útil para poner orden dentro del caos. Vivir separados evitará que también te conviertas en su ama de llaves.

Sin embargo, los polos opuestos se atraen, y la energía de Sagitario puede ser cautivada por alguien terrenal cuyas habilidades prácticas se vuelvan muy necesarias. Aunque su pragmatismo realista romperá los sueños de Sagitario con demasiada frecuencia. Recuerda que el arquero, por encima de todo, odia que sus sueños sean desechados, así que no pasará mucho tiempo antes de que surja otra oportunidad y la pareja terrenal, "amargada y regañona", se quede atrás.

He aquí algo extraño a tener en cuenta. La energía de Sagitario tiene un miedo real a la repetición. Por ejemplo, si se pierden conduciendo el auto, no darán la vuelta para volver a recorrer el último tramo. Esto puede deberse a un par de razones. No pueden afrontar la humillación de su fracaso, y tener que volver a hacer algo significa aceptar que no salió bien la primera vez. Pero, además, esta energía está pensada para avanzar, no para retroceder.

Probablemente haya dos razones por las que la energía de Sagitario no asegura algo y corre el riesgo de que se dañe o se pierda. Les gusta el desafío de superar las probabilidades: "Ajá... No aseguré mi auto y me salí con la mía. ¡Sí!". También pueden ser tacaños con las pequeñas cantidades de dinero, mientras que despilfarran sumas mayores por no planificar o gestionar con sensatez. Por ejemplo, pagan un paquete vacacional de más de dos mil dólares por no buscar un mejor precio, pero a la par evitan pagar el seguro de viaje.

Su descuido en las compras puede horrorizar a aquellos con energías de Tierra y Aire. Y es que el Sagitariano recurre al instinto y a las decisiones impulsivas para comprar algo. ¿A qué otra cosa podría recurrir? El Fuego, instintivo y rápido, está al mando. La planificación cuidadosa o la búsqueda de la mejor oferta no están en su caja de herramientas, por ello pierden dinero. No parece que examinen o estudien alguna compra potencial; miran y luego dan un salto espontáneo. Y dar vueltas y más vueltas a una búsqueda en internet no es lo suyo. ¿Recuerdas que no les gusta volver sobre algo? Eso de comparar distintas páginas web podría causarles *rigor mortis*.

Y lo que es peor: no devuelven las compras malas. Recuerda que no les gusta retroceder, así que quizás tengan armarios enormes.

Al igual que Aries, la energía de Sagitario también resiente las obligaciones monetarias con el gobierno, el ayuntamiento o las arcas del estado, por lo que busca evadir el pago en la medida de lo posible.

Y las cosas tienden a "desbordarse" para el Sagitariano fuerte. No saben guardar un secreto y son muy malos mentirosos. Básicamente son amistosos y no buscan hacer daño, pero no les cuentes nada que no quieras que el mundo sepa. Al no tener genes refinados ni reservados, tienden a revelar lo que tú preferirías que callaran. La frase "Meterse en la cueva del lobo" tiene gran resonancia aquí. Su espíritu y su exuberancia son mayores que su cuerpo material, por lo que les resulta difícil funcionar y se "desbordan". Para ellos es un estorbo y no saben dónde empieza algo y dónde acaba, literalmente. Su razonamiento espacial es débil, de ahí que sean torpes y se den muchos golpes en la cabeza.

No les agradan las pretensiones ni el engaño, y creo que es porque lo ven innecesario. En primer lugar, no saben cómo controlarse y ser reflexivos (eso es demasiado quisquilloso y detallado para ellos). Y en segundo lugar, creen tanto en ellos mismos que no entienden por qué no creerías cada una de sus palabras, sin importar que sean mal intencionadas o directas. Confían lo suficiente en ellos mismos como para no preocuparse por lo que pienses, y no sienten la necesidad de expresarse cuidadosamente para impresionar al oyente.

Sin embargo, las críticas pertenecen a otra liga completamente distinta. No las soportan y se enfadan a rabiar. Se creen Júpiter, el rey de los dioses… y no se critica al Todopoderoso. Sagitario se considera un genio divino y no soporta pensar lo contrario. La crítica es para los mortales, con todos sus defectos, y Sagitario es un ser divino; por ende, la energía inmortal no puede equivocarse. Si se les cuestiona, estallarán con un temperamento violento. Tal vez no sean temperamentales, pero sí volátiles.

Elemento Tierra

♉ ♍ ♑

Tauro Virgo Capricornio

Figura 7. Signos de Tierra

Hemos aprendido todo sobre el elemento Fuego, con sus tres signos, ahora vamos a introducir el primer "conflicto" astrológico y estudiar el elemento "opuesto": el elemento Tierra.

Imagina el diámetro de un círculo. Los dos extremos de la línea recta que lo divide por la mitad están lo más lejos que pueden estar entre sí, sin embargo, la línea misma nos recuerda que están conectados, que comparten un punto de contacto y que hay un viaje entre ambos. Estamos ante la dinámica y la psicología de la "oposición" en la astrología.

La oposición tiene más potencial para generar frustración, aprendizaje y, eventualmente, crecimiento espiritual. Más que cualquier otra formación astral. Se puede ganar algo pues hay una base para la comprensión y para la admiración. Veamos esto más a fondo...

Es importante destacar que el Fuego y la Tierra se temen mutuamente. Al Fuego le aterra el orden de la Tierra, y a la Tierra le horroriza el desorden del Fuego. Si un espectro muestra una frecuencia con un inicio y un final, entonces Fuego y Tierra estarían en cada extremo de dicho espectro.

Sin embargo, la semilla de uno está dentro del otro. Quizás Einstein fue el primer físico moderno en demostrar una relación entre la energía (Fuego) y la masa o materia (Tierra) con su famosa ecuación $E=mc^2$. Y desde la década de 1990, los físicos teóricos han descrito la teoría cuántica de campos, en la que son comunes las "excitaciones extrañas" y la "energía invisible del campo". Para nuestro propósito, solo necesitamos entender que, al parecer, la materia (Tierra) está hecha de energía (Fuego). Esto explica la animosidad entre Fuego y Tierra. En cualquier momento podría producirse el Gran Colapso (el *big crunch*), en oposición al *big bang*, y toda la materia podría desintegrarse en energía (Fuego) una vez más. Por ello, la Tierra teme convertirse otra vez en el caos del Fuego, y este a su vez teme verse atrapado en la estructura del mundo material.

El Fuego ama lo que no conoce y lo que no se puede ver, mientras que la Tierra ama todo lo material, lo conocido, lo familiar y, por ende, lo confiable. Le gusta hacer algo predecible con lo disponible, en lugar de soñar con lo que podría ser.

Hay tantas palabras que podrían servir para describir a Tierra: sólida, confiable, práctica, segura y realista, y todas ellas son reconfortantes de una manera terrenal. Se trata de la comodidad del estatus, el dinero y la seguridad.

Sin embargo, ahora nos encontramos en el mundo de la polaridad Femenina, por lo que el movimiento es mucho más lento y, por lo tanto, pasivo y reflexivo. Entonces, ¿cómo se defiende la Tierra? No es particularmente asertiva, pero se mantiene firme cuando la seguridad se ve amenazada. Este elemento tiene la fuerza de la resistencia y la persistencia. Es un elemento cauteloso y premeditado en los hechos, y sensato, para asegurarse de que no le quiten nada. Las personas del elemento Tierra llevan sus vidas con sentido común y no toman riesgos.

Me gusta la expresión "con los pies en la tierra", tan acertada desde el punto de vista astrológico, pero también realista, sin pretensiones, e interesada en acciones y aspectos prácticos. Pero hay otra razón por la que me divierte: estas personas literalmente son buenos jardineros. Siempre que sean conscientes de que lo son, o que tengan un amor reconocido hacia ellos mismos, las plantas responderán. En el Reino Unido decimos que tienen "dedos verdes" (*green fingers*).

Ahora bien, es posible encontrar a un signo solar Tauro que ni siquiera tenga una planta en su entorno, pero esto ocurre cuando otro elemento está suprimiendo la expresión de la Tierra. Y eso es lo que vamos a aprender: cómo saber cuándo los elementos y sus signos están siendo obstaculizados, haciendo que un jardinero en ciernes declare que "odia" las plantas.

Las personas terrenales ordenan instintivamente y se dedican a cuidar, supervisar, atender o encargarse de las cosas. Hace poco estuve en la fiesta de una niña que cumplía dos años. Sabía que tenía al Sol en Capricornio y su ascendente en Tauro (heredado de su madre, de signo solar Tauro). Ante ella había un montón de regalos de cumpleaños muy bien envueltos. ¿Qué haría la energía Tierra con ellos? El Fuego habría destrozado los envoltorios antes de que yo pudiera terminar de escribir esto, y la habitación habría quedado cubierta por los resultados de ese entusiasmo.

Pero tal no fue el caso de esta princesita terrenal. Abrió cada regalo con cuidado, retirando lentamente la cinta adhesiva del papel. Y después de abrir cada regalo, recogió el papel y lo tiró a la basura. Ya te habrás hecho una idea. Incluso a esa temprana edad, una sobredosis de un elemento brillará con fuerza. ¡Que los dioses ayuden a su futura pareja!

Las personas de este elemento, como era de esperar, caminan con la mirada fija en el suelo y dan pasos cautelosos y medidos. Al fin y al cabo, es la Tierra lo que les inculca esto. El problema es que nunca levanten la vista al cielo para contemplar esa vasta extensión e imaginen todas las posibilidades. Mientras el Fuego mira hacia arriba en busca de inspiración, la Tierra mira hacia abajo. Eso está muy bien si eres agricultor, y entender la Tierra te permite ganarte la vida. Pero si no te dedicas a la labranza y trabajas en una oficina, puede que no seas capaz de ver la manera de salir de un trabajo aburrido. En ese caso podrías quedarte encerrado en la monotonía o incluso en la infelicidad. No habría escapatoria porque "la vida es así".

A las personas de Tierra les fascinan las reglas y las estructuras, y pueden ser muy pesimistas, al punto de hundirlo todo con su falta de fe y optimismo. Lo que el Fuego ve como una prisión, la Tierra lo disfruta como un lugar seguro. Les gusta saber dónde están los límites, para mantenerse seguros dentro de ellos, y aplicarán las reglas de manera inflexible, de ser necesario. Ya sabes de qué tipo hablamos. Tomará una bocanada de aire, meneará la cabeza y dirá: "¡No, no, no… No si estoy yo, mi amigo! Esas son las reglas: sin boleto, no entras".

Por desgracia, demasiada Tierra atraerá la carencia de alegría, plenitud y esperanza; todo será trabajo y rutina. Y si se lleva la Tierra al extremo, todo se reduce a la avaricia o a la acumulación de tanto dinero, que no puede disfrutarse. El personaje de Scrooge, del libro *Cuento de Navidad,* es buen ejemplo de una persona exageradamente terrenal. A pesar de contar con una riqueza considerable, le paga mal a su pobre empleado, Bob Cratchit, y persigue a sus deudores sin piedad, mientras que él vive de forma austera y sin alegría. Al igual que la niña que abría sus regalos de cumpleaños de manera ordenada y prolija, Scrooge no sabe cómo divertirse.

Pero tiene que haber un lado bueno, ¿no? Y lo hay. Estas personas pueden entrar en un reino de sentimientos al que nadie más puede acceder. Pero no se trata del "sentir" de las emociones, sino de las sensaciones. Disfrutan de los sentidos y son "sensuales". Se deleitan con el sentido olfativo, con el gusto, el sentido auditivo y el sentido somatosensorial del tacto a través de la piel, sin dejar de lado la estimulación sensorial de la visión. El elemento Tierra resuena con esta red de estructuras neuronales, que es un subconjunto del sistema nervioso sensorial. ¿Y cuál es el resultado?

Se sienten a gusto con su cuerpo y comprenden los miles de mensajes inconscientes que el cuerpo envía al cerebro. Sus percepciones sensoriales los mantienen informados de dónde están y cómo se sienten, en contacto con la belleza que los rodea. Acceden a la información que una persona que tenga muy poco elemento Tierra (o demasiado elemento Fuego) simplemente no podría obtener.

Si la Tierra se encuentra en el lugar correcto de una carta astral, es probable que esa persona se dedique a terapias corporales, como masajes, fisioterapia, osteopatía, terapia ocupacional o cualquier otra carrera que aprecie y refine el cuerpo, por ejemplo, entrenadores físicos y esteticistas.

Imagino que muchos cuidadores y enfermeros tienen a la Tierra como elemento dominante, pues ella se siente cómoda con la enfermedad y las necesidades del cuerpo. También podrían tener éxito con la disciplina, el trabajo duro, las largas horas de trabajo, la paciencia y la fiabilidad.

O podrían materializar los sueños de Fuego. La Tierra observa con detenimiento las visiones poco realistas del Fuego, suspira, toma el relevo y, poco a poco, las pone en orden de manera reflexiva, realista y práctica. Le dan forma al sueño. Estamos en la energía "Femenina" y la Tierra es generalmente discreta y constante, rara vez reclama atención por sus logros, así que el Fuego puede disfrutar de los aplausos por la brillante idea que nunca hubiese conseguido sin Tierra.

La Tierra esperará e incrementará sus arcas con astucia y sabiduría, toda vez que el dinero es una medida de valor que comprende y protege eficazmente para que pueda crecer. El elemento Tierra es el que impulsa la creación del dinero. Quienes se rigen por él suelen destacar por su capacidad de acumular bienes de una manera eficaz, desde pensiones, ahorros y casas hasta una buena reserva de chocolate en la alacena de los dulces.

Es muy común oír a este tipo de personas decir que "no creen en el abracadabra", ni en el espíritu o alma que sobreviva a la muerte, ni tampoco en los poderes psíquicos. La astrología y otras dimensiones tendrán que ser "probadas" antes de que los tipo Tierra acepten que tales cosas son posibles. Sin embargo, una vez que la energía de Tierra llegue a creer en estas cosas, se aferrará a la nueva creencia.

~ TAURO ~

Signo zodiacal de Tierra

Glifo ♉

Segundo signo del cinturón zodiacal
Primer signo de Tierra
"Yo soy"
Regido por Venus
Tradicionalmente, su símbolo es el toro,
pero debemos incluir también a la vaca

Este capítulo no habla sobre Tauro como signo solar, sino que se refiere a la energía Tauro que hasta cierto punto existe en todos nosotros. Las personas Taurinas o los tipo Tauro que se analizan aquí, simplemente tienen más de esta energía que la mayoría.

Tauro es el primero de los signos de Tierra, y como tal se planta con mucha firmeza en la existencia con una actitud obstinada e intransigente. Tauro dice: "Estoy aquí para disfrutar de los placeres naturales y materiales de esta dimensión; de lo que es corpóreo y tiene forma sólida".

Este amor por la forma significa que Tauro no aprecia ningún fenómeno místico, intangible o psíquico. Tampoco es fanático de la astrología o las rarezas cuánticas.

Nuestra gente toro/vaca necesita sostener y sentir las cosas para que puedan ser "reales". Ellos mismos son sólidos como una roca, si se les presiona. Valoran la sencillez y los hechos básicos porque lo sutil y complicado es, de hecho, demasiado complejo. La Tierra es el elemento opuesto al Fuego, por lo que es más fijo y persistente que este último.

Los tipo Tauro aprecian el lujo y las sensaciones placenteras, entre ellas, el sentido del gusto. Saborean la comida casera y reconfortante. Me refiero al olor a pan recién horneado o al aroma de un pastel de carne con queso recién salido del horno. ¿Y qué tal un buen vino o unas dulces fresas con crema? Disfrutan con todos los sentidos, pero sobre todo con el olfato y el gusto. El signo zodiacal de Tauro rige claramente la lengua, o la parte de ella que reacciona a los sabores ricos y dulces y a una sensación placentera en la boca. Por lo tanto, los Tauro son muy buenos identificando la mejor comida y bebida.

Ahora bien, habiendo dicho **todo** lo anterior, fijaré las bases para las excepciones. Hay algunos Tauro que priorizan un físico perfecto sobre la comida. Son los que van al gimnasio y veneran el culto al cuerpo perfecto, por lo que se privan de los placeres culinarios. También sermonean a los demás sobre los peligros de comer en exceso. Como son tan testarudos, pueden mantener un control férreo sobre su castigadora rutina de ejercicios y su limitada dieta. Y no hay nadie tan obsesionado como aquellos cuyo lado oscuro alberga un alma hambrienta, la cual preferiría comerse una montaña de pastel de queso que una hoja de lechuga más.

En general, la obsesión siempre está alimentada por el odio a ese mismo monstruo interior, aunque siempre nieguen su existencia.

No hay que olvidar el buen ojo de los Taurinos para el mobiliario, el arte y los materiales de calidad, como el roble macizo y el mármol. Los Tauro adoran el valor y la durabilidad de las cosas que les rodean. Para ellos, de ser posible, los edificios y los autos deberían ser construidos por artesanos que empleasen materiales de alta gama. Los Tauro prefieren esperar y ahorrar pacientemente para conseguir lo mejor, más que adquirir rápidamente algo barato y poco sustancial.

Aman las antigüedades y lo tradicional, incluso si ese material ha pasado de moda, porque saben que es muy superior al plástico y valdrá la pena a largo plazo. Para ellos, las joyas de oro no pasan desapercibidas. Esto es señal de dinero, riquezas y valor. Tauro busca, construye y crea cosas valiosas con un impulso lento, pero constante, y con una energía fija y sostenida. Se propone objetivos realistas y avanza con paso firme hacia ellos, dejando los sueños demasiado ambiciosos para los signos de Fuego. En el mundo de Tauro, el potencial se mide y se puede alcanzar.

Ahora hablemos del tipo de cosas que atraen la atención de una persona regida por Tauro. Como es de esperar, buscan e invierten en propiedades, terrenos y edificios, más que en cosas especulativas que no se puedan ver ni tocar. Las grandes ganancias y las inversiones basadas en la especulación y el azar, como el mercado de futuros o los fondos de cobertura, no son el tipo de cosas que buscan los toros o las vacas.

De vuelta con su sentido del tacto, es posible que a las mujeres de Tauro les resulte más fácil identificarse con tejidos suaves, como el terciopelo, la seda y la cachemira. También les gusta que su entorno esté decorado de forma rica y cálida, sin reparar en gastos. Debido a la sensibilidad del sistema nervioso de su cuerpo, las camas deben tener colchones blandos e, idealmente, sábanas del más suave algodón egipcio.

También, y aquí es donde entra la paradoja, como son terrenales y aman la naturaleza, pueden conformarse con vivir en una cabaña forestal, toscamente labrada, donde puedan cultivar su comida y recoger huevos de un pequeño gallinero. Las camas, entonces, podrían ser montones de paja y el agua la sacarían de un pozo. ¿Dónde quedaron la belleza física, los tejidos lujosos y la música hermosa? Pues siguen ahí, en los gloriosos paisajes, en el canto de las aves, en la alfombra de musgo suave y en el cielo rosado del amanecer. La Tierra es sólida y predecible, con sus estaciones fiables y su constante afirmación de eternidad y abundancia. Esta es la promesa Taurina: el mundo material (Gaia) nos reabastecerá y nos asegurará para siempre.

La parte de Tauro que hay en mí se pregunta cuál es la situación actual de esta promesa, a la luz de un medioambiente superpoblado y destruido. Es un tema que debería ser abordado por el Tauro que hay en cada uno de nosotros.

Como signo Femenino, Tauro mantiene una conducta suave y apacible, pero si requiere de mecanismos defensivos, adoptará una postura fija, sólida y similar a la de un toro. ¡Tauro no se deja presionar y cuando empieza a avanzar y toma impulso, puede ser difícil detenerlo! Imagina tener que mover un toro, así entenderás el punto. El toro puede tardar en ser provocado, pero una vez que despierta, pasa directo al uso total de la fuerza. He escuchado que a las personas tipo Tauro las llaman dogmáticas e incluso fanáticas. Realmente necesitan aprender a ser flexibles, y desprenderse de las cosas es un problema.

Tauro, al ser un signo que representa los valores de la Tierra, puede verse envuelto en sus propios puntos de vista, valores y opiniones. El lado oscuro de esto es la intolerancia, la beligerancia y la inflexibilidad. Es su lado fijo y dogmático que se aferra a las cosas sin revisarlas. Por un lado, se trata de una energía leal, inquebrantable y fiable, pero por el otro, nos encontramos con una terquedad poco cooperativa.

Y ya que estamos viendo el lado oscuro o el reverso de la energía de Tauro, cabe hacer notar que el amor por la comida puede convertirse en un apetito voraz y desenfrenado o en una compulsión adictiva. Por desgracia, la determinación egocéntrica y fija de Tauro por obtener lo que quiere, poco ayuda.

Al igual que los demás signos de Tierra, Tauro también busca estructura y seguridad, tanto en las relaciones como en lo social. Debe haber una primera cita formal, un compromiso con un buen anillo, una boda cara, una luna de miel, un hogar conyugal, una hipoteca, pensión y bebés. Todo en ese orden. También le gusta asegurarse de que cualquier pareja potencial tenga las credenciales adecuadas. ¿Son buenos proveedores? Debe haber evidencia adecuada de estabilidad, confiabilidad y compromiso.

Los Tauro pueden ser bastante posesivos con sus parejas, y es un asunto de posesión más que de celos. Protegen y conservan lo que es suyo. Suelen ser guapos y estar bien vestidos, y parecen preferir parejas más corpulentas, posiblemente porque hay más cantidad de personas de este tipo. Los cuerpos no les avergüenzan; recuerda que generalmente se sienten cómodos con cualquier cosa que puedan tocar.

Los hombres, en particular, luchan por comprender demandas emocionales complejas. Uno de los beneficios de Tauro, para ellos, es la simplicidad de ver las cosas como blanco y negro. No se concentran en dilemas emocionales complejos y no les gusta el chantaje sexual o emocional; realmente les cuesta entenderlo y tampoco ven la necesidad de hacerlo. Tauro busca lo básico: mucho placer físico y que se satisfagan sus necesidades de seguridad. Eso es todo.

Las mujeres Tauro tienen todo el poder de una diosa de la Tierra o una sacerdotisa del templo. Combinan habilidades prácticas con la destreza necesaria para complacer a los hombres. Dejan flotar hábilmente por el aire deliciosos perfumes, usan lencería de seda y preparan comida casera... y todo con un encanto sensual.

Aprecian dar y recibir regalos caros y valiosos. Después de todo, se trata de posesiones materiales de valor que los Tauro atesoran. Nuestros toros y vacas cuidan y preservan sus pertenencias. Dejar un legado es importante y Tauro se esforzará en lograrlo. Quizás se trate de un edificio, pero también cualquier expresión de arte servirá, como una pieza musical hermosa, una pintura, una escultura o un jardín paisajístico construido con gran determinación y resistencia.

Al ser el primer signo de Tierra, Tauro es el primero en celebrar el mundo material, el mundo de la materia. Este es el signo del "sentimiento", pero como ya dije, esos sentimientos no son del tipo emocional; ese es el terreno de Escorpio, el signo opuesto a Tauro en el cinturón zodiacal. Los "sentimientos" son táctiles, aquellos que se perciben al tocar, y la piel es parte importante de esto. Las personas Tauro aman el placer y lo obtienen a través de los sentidos del cuerpo; es una energía "egocéntrica". Este es el signo de la sensualidad, solo ten en cuenta que la sensualidad no es sexualidad. Es verdad que los Tauro disfrutan del sexo, pero el placer proviene de las sensaciones en la piel. De la suavidad, el olor, el tacto, el sabor y la presión sobre la piel. El cuerpo lo es todo. El sexo, en sí, no es tan importante.

Se sienten más a gusto cuando están en un entorno cálido y tienen la oportunidad de acariciar y sentir las cosas a través de los dedos y la piel. Puede tratarse de una alfombra mullida a los pies de un sofá frente a una chimenea, o de un día primaveral en el jardín mientras siembran plantas. En la medida en que todo sea apacible, sereno, lánguido, perezoso y opulento, el toro o la vaca estará en su ambiente.

Nota: me resisto a dejar a la vaca fuera del simbolismo Taurino y me baso en la historia del toro y la vaca en el antiguo Egipto como prueba. Consulta el **Mito de la Vaca Celestial** ***y observa las orejas de vaca del Templo de Hathor, en Dendera, si aún no estás convencido. Por experiencia propia, la energía de Tauro resuena con los productos lácteos de vaca y a menudo es un extremo u otro: o son muy apreciados o causan reacciones alérgicas.***

~ VIRGO ~

Signo zodiacal de Tierra

Glifo ♍

Sexto signo del cinturón zodiacal
Signo medio de Tierra
"Me preocupo"
Regido por Mercurio y cogobernado por Vesta
Su símbolo es la doncella

Este capítulo no habla sobre Virgo como signo solar, sino que se refiere a la energía Virgo que hasta cierto punto existe en todos nosotros. Las personas Virgo o los tipo Virgo que se analizan aquí, simplemente tienen más de esta energía que la mayoría.

La energía de Virgo se opone al signo de Piscis y juntos conforman una fuerza que se ocupa del "servicio". Virgo es el signo más joven y ofrece servicio relacionado con el trabajo doméstico, la productividad y el auxilio a las personas en lo individual.

Al igual que los signos medios de todos los elementos, Virgo, es el más afligido de los signos de Tierra. Tauro y Capricornio confían bastante en sí mismos, pero Virgo rara vez se siente así de seguro. Esta energía se manifiesta en un afán servicial por limpiar, organizar, trabajar arduamente, titubear y preocuparse.

De hecho, hablemos primero de la ansiedad. En el contexto del sistema solar (nombre que recibe el sistema de planetas alrededor de nuestro sol), la energía Virgo tiene la tarea, poco envidiable, de intentar restaurar el orden tras el caos del Fuego de Leo, que precede a Virgo en el cinturón zodiacal. Y por si fuera poco, el pobre Virgo también tiene que defender al elemento Tierra de una disolución final, propia de la energía de Agua de Piscis. Como mencioné antes, Piscis se opone a Virgo. Si imaginamos la energía Virgo como la playa de arena, las olas oceánicas Piscianas podrían arrasar la playa en cualquier momento, llevándose a su paso todos los castillos de arena.

Esto me recuerda a la diosa Maat del Antiguo Egipto, que era la personificación del "orden cósmico". Cuando Maat cumplía con su función, el cosmos material o sistema solar funcionaba correctamente. Las inundaciones del Nilo, los cultivos y los rituales anuales debían ser tan regulares como un reloj, de lo contrario, el mundo se desmoronaría. Así que la diosa Maat era tan vital como el "orden" fundamental que ella representaba, un concepto que englobaba equilibrio, armonía, justicia y verdad. Los egipcios se esforzaban por mantener el orden de Maat, que entiendo como el equilibrio entre el Fuego y la Tierra.

Para ser honesta, el trabajo de Virgo también es fundamental y vital. A menudo se hacen comparaciones entre el signo de Virgo y Deméter, la diosa griega de los cultivos comestibles y las cosechas. En ambos casos, vemos el esfuerzo que conlleva la productividad de la Tierra. La escarda, el riego y la siembra sirven por completo a la productividad.

Por lo tanto, lo más importante aquí es cómo Virgo confiere dignidad y respeto al servicio humilde. Está muy bien ser un signo de Fuego llamativo. Sin embargo, ¿qué es lo que realmente hace que todo funcione? Sin Virgo, los sueños de Fuego no podrían manifestarse con éxito.

En el mundo de Virgo, las tareas domésticas se llevan a cabo con diligencia, respeto y minuciosidad; ellos encuentran placer en el verdadero significado del servicio. Virgo sobresale en las labores secretariales y en la resolución de problemas a nivel doméstico. Suelen tener una memoria buena y confiable, y generalmente son modestos y sinceros.

Las personas Virgo pueden trabajar en la industria dental, servicios de salud e industrias de servicios en general. Toman recados, lavan las tazas, apagan las luces y luego avanzan a tientas hacia la salida en la oscuridad, cerrando el edificio tras de sí. La seguridad siempre es importante.

Son excelentes trabajadores y empleados por naturaleza. Generalmente, son humildes y comedidos, por lo que no quieren ser los jefes. Les gusta permanecer en un segundo plano, organizando meticulosamente lo que hacen los demás y ocupándose de los detalles olvidados. Les encanta preparar el té y tomar la minuta. Y se ocupan del dinero en las colectas de beneficencia. ¿Quién no querría que alguien meticuloso con las cuentas se ocupara de sus asuntos fiscales? Sin embargo, se trata de un signo complejo, a menudo involucrado en procesos humanos dolorosos, como todos los signos del medio. Su gran necesidad, después de ser servicial, es ser autosuficiente, lo que, por supuesto, es completamente opuesto a su gen de servicio.

Para todos los signos del zodiaco existe un gran amor o talento, y con la energía de Virgo suele ser su obsesión por la salud. Así, las rutinas sanas, el estilo de vida saludable, la atención al cuerpo, las cuestiones médicas y los suplementos, así como las dietas, son temas de gran interés. He conocido a más de un Virgo que se pasea con un bolso de mano a manera de botiquín de primeros auxilios. Y es que están completamente equipados para emergencias de primeros auxilios y suelen reaccionar bien en esos momentos, pues mantienen su mente despejada. Sus habilidades analíticas pueden ser útiles en situaciones de emergencia, ya que las cuestiones emocionales no obstruyen la visión clara de Virgo ni su enfoque práctico, pragmático y sensato.

Virgo proviene de una palabra en latín que significa "doncella", lo que algunos interpretan como soltera. Sin embargo, no es algo tan sencillo. Se trata de mantener cierta separación y guardarse para uno mismo, sin necesitar a nadie. A pesar de que el elemento Tierra disfruta de la cercanía de los demás y del estatus que otorga el matrimonio, esta energía necesita pasar algún tiempo a solas para la concentración interior. Creo que esto tiene que ver con su energía sensible, pues poseen una "vibración" celular difícil de mantener y necesitan separarse para restablecer su equilibrio (o Maat). Parte de esta ansiedad tiene que ver con la amenaza constante de aniquilación por parte del Fuego o del Agua. Esto no le molesta al robusto Tauro o Capricornio, pero sí sacude al delicado Virgo.

¿Y por qué tan delicado? La sabiduría astrológica se estableció siglos antes del descubrimiento de todos los planetas, por lo que era inevitable que hubiera algunas discrepancias, y esta es una de ellas. Se decidió que Mercurio, planeta de Aire, debía ser el regente del signo zodiacal Virgo, que es de Tierra. Esta no ha sido la mejor de las "combinaciones" y creo que ha contribuido a que haya una comprensión limitada de Virgo. Los mensajes contradictorios resultan confusos.

Posiblemente Vesta, el verdadero planeta regente de Virgo, fue destrozado por grandes impactos durante una época turbulenta mientras nuestro sistema solar estaba en desarrollo. Vesta era un protoplaneta, como la Tierra, con corteza y núcleo, pero la devastación lo redujo a millones de fragmentos del tamaño de pequeños planetas y a miles de asteroides y rocas en el cinturón de asteroides.

Ahora bien, si fueras un signo del zodiaco y tu planeta resonante fuese destrozado de esta manera, ¿no te sentirías un poco estremecido?

Y no me disculpo por tomar estos mitos científicos y entretejerlos en nuestra comprensión espiritual, psicológica y astrológica del sistema solar. Si vamos a decir que una parte del espacio tiene significado, tenemos que aceptar que todo lo tiene.

En cualquier caso, estamos ante un signo que se estresa fácilmente con las preocupaciones, la ansiedad y la energía nerviosa. ¡Y eso nos vuelve locos a todos! Por ello, lo que más necesita la energía de Virgo es separación, un foco y un proceso, y eso puede conseguirlo a través del yoga o la meditación. Cuando el yogui cierra los ojos, se centra en una respiración tranquila y se concentra en el estado alterado de consciencia que busca generar un proceso restaurador.

Virgo es el último signo zodiacal de la mitad personal del zodiaco y sabe, instintivamente, que necesita preparar y procesar todas las experiencias de los cuatro signos anteriores y de Capricornio. La energía de Virgo necesita ordenar el proceso de aprendizaje para completarlo y darle sentido, como preparación para "la otra mitad".

Por eso tienden a diseccionar, reflexionar y clasificar todo lo que encuentran. Pero al hacerlo, pueden parecer críticos ante los demás. A Virgo le gustaría que se le entendiera en el contexto de querer ayudar a las personas a hacer bien las cosas. Se ven a ellos mismos y a sus comentarios como una ayuda. La camarera necesitaba escuchar que "la mesa no se había limpiado adecuadamente y los huevos estaban poco cocidos". El hombre que revisa los billetes en el tren necesitaba que le dijeran "cómo podía mejorar el servicio a los usuarios". A los nietos se les debe decir dónde se equivocaron con su tarea. A los amigos se les debe decir lo críticos que son y cómo podrían mejorar. Virgo ve el hecho de corregir a todos como un deber, pero al estar en el extremo receptor, la crítica puede ser muy dura y quizás difícil de sobrellevar.

Sí, a los Virgo les gusta hablar, y esto lo obtienen de su segundo regente, Mercurio. Mercurio es el planeta de Aire vinculado a la comunicación, y el Aire puede ser crítico pues es perfeccionista. Sin embargo, la combinación crítica de Aire con Tierra es como una avalancha. Pueden dar vueltas y vueltas sin parar, como un hámster en una rueda de ejercicio, hablando interminablemente de las mismas cosas o evaluando, al menos en su mente, todo de forma crítica y hasta el infinito. "¿Por qué dijo eso? ¿Qué quiso decir? ¿Empiezo a buscar otro trabajo? ¿Dónde invierto este dinero? ¿Qué va a pasar con la economía? No creo que lo hayan hecho bien. ¿Por qué mi vecino está haciendo eso? ¿Las carnes procesadas realmente causan demencia? ¿Y la sal?".

Debo citar a la astróloga Sue Tompkins, autora de *Aspects in Astrology*, porque considero que describe a Virgo de manera brillante:

"Virgo cree que, si examinas un tema durante el tiempo suficiente, desechas lo ajeno y sintetizas lo que queda, podrás llegar a la respuesta correcta. . . A Virgo le preocupa superarse a sí mismo…".

El gen que presta atención al detalle, que tanto puede irritar a los signos de Fuego, facilita la necesidad de Virgo de categorizar las cosas y colocarlas en lugares comprensibles y lógicos, haciendo que estén listas para ser mejoradas.

Creo que ya está bien de hablar sobre ser críticos para mejorar. Ahora es momento de repasar la energía y las emociones de Virgo.

Seamos claros: al igual que los demás signos de Tierra, los Virgo tampoco son muy afectivos. Posee buenas habilidades de observación y sabe escuchar atentamente a los demás, lo que le permite dar consejos prácticos, lo que fácilmente se confunde con una empatía emocional. En cierto modo, Virgo es afectuoso; sus pensamientos se basan en cuánta mejoría podría haber con un simple consejo. Sin embargo, la distancia que necesita para actuar así, lo convierte en un signo emocionalmente distante. Las demandas emocionales intensas son incómodas para él. Su filosofía es que estar demasiado cerca emocionalmente, significa que "los árboles no te dejarán ver el bosque". O que estás "cegado por el amor". La Tierra, particularmente la de Virgo, es pragmática, ante todo, y la cercanía emocional le impide ver con claridad. Por lo tanto, Virgo necesita dar un paso atrás, a fin de obtener una perspectiva objetiva y libre de emociones. Esto puede herir a quienes creen haber encontrado respuestas afectuosas y cercanía. A veces, la repentina frialdad emocional o el distanciamiento inesperado lastiman las energías de Agua, que son más sensibles.

Virgo ayuda de manera práctica; todo tiene un propósito y es útil. Equipara la ayuda con el amor, y así lo demuestran, pues pueden llevar tus cuentas meticulosamente. O pueden darte un consejo crítico "útil" que no hayas solicitado, cuando lo que realmente necesitabas era un reconfortante abrazo. ¿No sería mejor tener un pañuelo limpio para secar las lágrimas?

Ahora, hablemos de rutinas. En pocas palabras, la energía Virgo reacciona bruscamente si las rutinas se ven amenazadas, pues se trata de rituales que les brindan mucha seguridad. Podrías sugerirles ir a tomar un té por la tarde en un elegante hotel de Londres, pero probablemente su respuesta inmediata sería negativa, porque tienen que sacar a pasear a su perro a esa hora. Este es un mecanismo de defensa psicológico y pobre de aquel que lo amenace. Las rutinas son lugares seguros donde se puede eliminar o evitar el caos y el desorden. Cuanto más amenazados se sientan los Virgo, más importantes serán las rutinas. Un exceso de energía de Virgo podría sugerir un trastorno obsesivo compulsivo, donde las rutinas se descontrolan.

La gente Virgo es muy curiosa y le gusta saber lo que está pasando. Esto podría parecer una intromisión, pero es un intento por contener el caos y la desintegración que siempre los amenaza. Todo es un intento por controlar la marea potencial que podría ahogarlos. Virgo anhela la paz interior y la soledad. Escucha y absorbe todo. Observa a los vecinos a través de las cortinas y presta atención a los chismes. Todo debe ser archivado y guardado en compartimientos para un posible uso futuro. Esta es la ansiedad tácita que habita en su interior.

Existe una asociación mitológica con las vírgenes vestales de la antigua Roma, Vesta y Virgo. Se obligaba a las sacerdotisas a dejar a sus familias desde muy jóvenes para servir en el templo de Vesta, que estaba en el centro de Roma y era el núcleo espiritual del imperio romano. Sin embargo, probablemente no eran vírgenes, sino más bien prostitutas sagradas, el último vestigio de la poderosa energía de la diosa femenina Nut, que alguna vez gobernó el cielo Femenino en Egipto. El patriarcado ya reinaba en la época del Imperio Romano, pero este era lo suficientemente sensato como para asegurarse de que hubiera una presencia Femenina simbólica y altamente venerada... solo por si acaso.

En suma: diosas humanas Virgo que leen esto, mantengan la cabeza en alto, pues provienen de un gran linaje.

~ CAPRICORNIO ~
Signo zodiacal de Tierra

Glifo ♑

Décimo signo del cinturón zodiacal
Signo más alto de Tierra
"Lo consigo"
Regido por Saturno
Su símbolo es la cabra (con cola de pez, originalmente)

Este capítulo no habla sobre Capricornio como signo solar, sino que se refiere a la energía Capricornio que hasta cierto punto existe en todos nosotros. Las personas Capricornio o los tipo Capricornio que se analizan aquí, simplemente tienen más de esta energía que la mayoría.

Cuando enseñaba astrología en casa y llegaba a Capricornio, a mis estudiantes les esperaba una sorpresa. Me aseguraba de que la habitación estuviera fría y no servía las habituales bebidas calientes, ni pastel. También les decía que no había baños disponibles por un problema de tuberías. ¡Hasta el día de hoy probablemente aún recuerden cómo se siente estar bajo la energía de Capricornio!

Las condiciones adversas y la negación del placer nos dieron un gran comienzo para comprender al maestro del zodiaco. La energía Capricorniana, presente en todas nuestras cartas astrales, en realidad atrae dificultades, confusión y una molestia persistente que se siente como una piedra en el zapato o una espina clavada en el costado.

Para los Capricornianos, la vida es un asunto serio que se debe dominar para sobrevivir. Y ese es el punto: la dificultad, el rechazo y la dureza son un excelente entorno de entrenamiento para aprender técnicas de supervivencia y salir victoriosos.

La influencia capricorniana comienza a trabajar en nosotros a muy temprana edad y de distintas maneras; puede ser haciéndonos temer que nuestras necesidades no sean satisfechas. Podemos sentirnos impotentes, ineptos e inadecuados. Es posible que nos invada el miedo a un encuentro doloroso. Hasta es posible que hayamos sufrido palizas de hermanos mayores u otros niños. O tal vez pasamos por la humillación de usar zapatos rotos o sentir hambre porque no había suficiente comida. Este signo trata sobre las crudas verdades de la vida, el realismo y el dolor. Pero, adicionalmente, Capricornio elimina cualquier herramienta o habilidad que pudiéramos haber usado para solucionar esto.

Sin embargo, el dolor y las ganancias son proporcionales. El sufrimiento que experimentamos, en contraparte, tendrá una ganancia equivalente. Pero, ¿qué tan sabiamente aprenderás tu lección de Capricornio? Podemos lograr la maestría trabajando filosóficamente con esta energía y aceptando que la vida no es fácil y que todos sufriremos en algún momento. Solo así podremos abordar los problemas dolorosos y trabajar duro para obtener un resultado distinto a la amargura y el miedo de por vida. Necesitamos **atravesar** estas situaciones para superarlas, no huir de ellas ni negarlas.

El problema es que Capricornio puede volvernos excesivamente cautelosos e incapaces, por lo que podemos desarrollar un sistema de defensa muy arraigado en torno a nuestros miedos, incluida la negación de su existencia. En tal caso, tendremos un problema interno muy espinoso que tiene el potencial de estallar de manera irracional y quedar por completo fuera de nuestro reconocimiento o control.

No podemos sanar nada que no se haya sentido primero (o que se haya sentido nuevamente si ya se había enterrado antes). Tiene que salir a la superficie o no podremos reconocer las emociones, abrazarlas con amor incondicional y finalmente procesarlas con delicadeza para perdonar y sanar. Trabajar de esta manera, a través del dolor, nos enseñará cómo dominarlo.

Capricornio es un signo superior y una experiencia "elevada". Viene con gran parte de la sabiduría del "alma vieja", arraigada en lo Femenino desde la antigüedad, por lo que debemos buscar la sanación en la polaridad Femenina. Solo allí la encontraremos de verdad. ¿Y quién lo diría? La respuesta está en el signo opuesto: Cáncer. ¡La psicología de la astrología es fascinante!

¡Ajá! Signos opuestos de nuevo. Reconocer la importancia de la oposición como herramienta en la psicología de la astrología es muy útil, pues tiene mucho que ofrecer para la comprensión, terapia y sanación. Básicamente, en el corazón de cada signo está su signo opuesto, y ese es el antídoto para los problemas de cada uno de ellos. La semilla de uno está en la semilla del otro, por lo que la respuesta a la dura esterilidad de Capricornio radica en el vínculo emocional y la crianza maternal, algo en lo que Cáncer sobresale.

Entonces, la lección de Capricornio sobre las dificultades y la impotencia se aborda mejor brindándote amor y aceptación incondicionales. Es decir, de ti para ti mismo.

Si esto te resuena, intenta lo siguiente: busca un osito de peluche viejo de tamaño de bolsillo y ámalo como si se tratara de tu niño interior oprimido o tu corazón roto. Sé muy gentil con tu "bebé", pues ha sido maltratado e incomprendido. Valida su dolor y humillación reconociendo lo real que es. Calma tu mente de Aire y tu intuición de Fuego, y deja que tu Agua y tu alma te hablen. Así sabrás por qué y cómo tuviste que fracasar.

La ubicación de Capricornio en nuestra carta astral puede parecer extremadamente difícil, incluso confusa, pues se trata de comenzar el viaje hacia el éxito. Pero es posible que, con un poco de lucha, podamos construir ahí mismo nuestras mayores recompensas y logros más sólidos… eventualmente.

Nuestras almas Femeninas están listas para trabajar en esto desde muy temprana edad, pero el problema es que el rápido paso de la infancia a la edad adulta tiene prioridad, por lo que el Aire/mente Masculino y el Fuego/espíritu Masculino toman el mando y lideran las principales estrategias junto con la competencia y la supervivencia. Simplemente, somos demasiado "jóvenes". Las súplicas del alma se vuelven más urgentes a finales de los veinte y principios de los treinta. Para algunos, este es el momento de sus mayores arrepentimientos y soledad, un lugar al que no consiguen verle la salida.

Capricornio puede traernos dificultades y fracasos, pero con el tiempo, si aprendemos cuidadosamente qué nos detiene y por qué, podremos superar los obstáculos y convertir el plomo en oro, así las cosas mejorarán inmensamente. Pero esto ocurrirá sólo después de haber descendido a nuestro propio inframundo y haber sido despojados de todo, y luego de haber encontrado la salida. (Busca el mito sumerio de Inanna).

Bien. Ya aprendimos que la energía de Capricornio aparece como un asunto menor en todas nuestras cartas astrales. Pero, ¿qué pasa con aquellos que tienen una abundancia de esta energía? Pues, en resumen, las personas con un Capricornio fuerte nacen sabiendo que todo será un trabajo extremadamente duro y que estamos aquí para luchar.

Supongamos que un Capricornio nos pregunta cómo llegar a la olla de oro al final del arcoíris. Nosotros sabemos dónde está y hay dos caminos que podemos enseñarle. El primero es una caminata corta a través de un verde prado, con la olla de oro a la mano de quien la busca. ¡Increíblemente fácil! El otro camino conduce a la cima de una agreste montaña, fría como el Himalaya, con vientos que ululan y te azotan la piel hasta congelar tus huesos. Y luego viene un valle lleno de fogatas infernales que expelen humos tóxicos, donde el calor es casi insoportable. Finalmente, hay una cama de clavos por la que hay que caminar antes de acceder a la olla de oro.

¿Qué camino elegirías?

Teniendo en cuenta que este es un ejemplo metafórico, aquellos con una cantidad significativa de Capricornio en su carta astral probablemente respondan que tomarían el camino difícil, porque sienten que nada es de ellos a menos que hayan trabajado duro para conseguirlo... ¡En serio! Nacen para aceptar el trabajo duro de la vida, algo que viene naturalmente. De hecho, **no les gusta** tomar el camino fácil, prefieren el camino que los desafíe. Pero, y esta es la parte importante, también quieren y esperan obtener la recompensa a tiempo. Hay dos aspectos en la naturaleza de Capricornio. Primero, quieren desafíos y dificultades; la olla de oro no se sentiría permanente sin eso. Segundo, tiene que existir tal olla al final del camino. La parte donde el plomo se convierte en oro es esencial, o no seguirán adelante.

Con esto apreciamos el lado calculador y decidido de la energía de Capricornio; ven la oportunidad potencial de una gran ganancia financiera y la aprovechan sin menoscabo. Este es el signo de Tierra más elevado y, como tal, lleva la apreciación de la Tierra por el valor material de las cosas a su máximo potencial. No hay nada ostentoso en esto; después de todo, Capricornio es una energía Femenina. La agenda oculta, el trato silencioso y la consideración reflexiva de las opciones, finalmente, son atributos Femeninos.

Si buscas en internet una lista de Capricornianos famosos, notarás que no hay nada extraordinario en ellos. A menudo son muy conscientes y trabajadores y hasta pueden parecer humildes, pero no te dejes engañar, ya que con una mirada autoritaria te recordarán rápidamente quién manda. Son buenos políticos y también buenos actores. Inconcebible,

¿no? Tal vez tenga algo que ver con las dificultades y los contratiempos que enfrentan los aspirantes a actores, y el estatus que la sociedad otorga a quienes logran su cometido.

Debido al comportamiento lento, controlado y casi pasivo de la Tierra, los tipo Capricornianos pueden parecer humildes, modestos y poco ambiciosos, pero nada más lejos de la realidad. Lo cierto es que son socialmente ambiciosos y buscan el éxito a través del trabajo duro y el dominio de algún aspecto.

Me recuerdan a la realeza, con sus expresiones pacientes y estoicas, y reflejan una mirada que solo pertenece a aquellos que saben que no tienen nada que demostrar, nada contra qué competir y a nadie a quien impresionar, porque el rango y el título ya lo tienen por sí mismos. La reina Isabel II era conocida mundialmente por su expresión seria y estoica, pero pasiva, con un doble impacto de ascendente Capricornio y un regente Saturno en el medio cielo.

Ya hemos hablado de la sangre real de Leo y Sagitario y, sí, eso es astrología de libro, pero traigamos a colación un poco de la psicología de las sombras. Como el elemento opuesto al Fuego, creo que la Tierra tiene su propia presencia real en el signo de Capricornio. Hay algo de prestigio que atrae a esta energía y que constela hacia la superioridad y el elitismo cuando puede.

Analicemos a Catalina de Gales, esposa del príncipe Guillermo. Su madre movió mar, cielo y tierra para que ella entrara en el mismo curso universitario que Guillermo, y eso ciertamente valió la pena a ambos, ya que se conocieron y se enamoraron. Lo extraño es que la herencia de Capricornio de Catalina resuena fuertemente con la de la reina Isabel II de manera muy cercana.

Seamos realistas. Seguro eran pocas las chicas en esa gran universidad que no hubieran querido salir con el príncipe Guillermo, pero la energía de Capricornio de ella lo logró.

Entonces, ¿una persona Capricornio espera, evalúa y planea escalar posiciones sociales, o simplemente le suceden las cosas? Yo creo que es una combinación de ambas; sucede porque siempre están atentos a ello. Más bien sospecha si parece que están haciendo algo que no conduzca a logros sociales, ya que es poco probable. Es más factible que tengan unas cartas escondidas bajo la manga, e incluso empleen tácticas de distracción para ocultar sus intenciones, lo cual es típico del comportamiento Femenino.

En el pasado, cuando era menos probable que las mujeres casadas tuvieran carreras propias, las de tipo Capricornio gravitaban hacia estudiantes de medicina pobres o cajeros de un banco. Era como una atracción magnética hacia el potencial de ganar dinero. La mujer aceptaría un ralo noviazgo y una pareja que trabajara 80 horas a la semana, porque apostaba a que un día, si se mantenía firme, obtendría beneficios económicos y sociales por ser la esposa de un médico.

O, inconscientemente, podría estar "enamorada" del nieto de algún antiguo millonario, que algún día heredaría todo, aunque por el momento estuviera sin dinero. La mujer Capricornio aguantará las condiciones indignas y austeras que rodean a estos hombres, y tal vez hasta algún tipo de abuso, porque algún día valdrá la pena.

Como podrás imaginar, no son particularmente románticas, sino hasta que encuentran al "indicado". Y es que el romance no les dará estatus social ni una pareja adecuada o una casa familiar grande y una pensión impresionante. Y como el poder y el estatus les resultan atractivos, **entonces** vemos lo atentas y atractivas que pueden ser. La lencería cara ahora es un requisito, junto con las joyas como regalo mientras se les corteja y, eventualmente, una propuesta de matrimonio en un entorno exclusivo.

Una vez que la respetabilidad, el estatus y la seguridad financiera están resueltos, el resto de su vida adquiere un enfoque diferente; pueden relajarse y reflexionar más sobre cuestiones del "sentido de la vida". Entonces, un humor extravagante se vuelve mucho más evidente, y su plácida convivencia y cálida sabiduría emergen desde dentro.

Es muy probable que nunca se vuelvan frívolas y siempre les disguste perder el tiempo en algo que no las lleve a ninguna parte. Siguen prefiriendo los objetivos alcanzables, incluso si se trata de proyectos tranquilos a diez años, en la segunda mitad de su vida. Están suficientemente contentas al avanzar hacia ellos de manera lenta y paciente. A diferencia de Leo o Géminis, la energía de Capricornio no se presta a la diversión desenfrenada. Las Capricornio, si disfrutan demasiado, se sienten culpables. Cada movimiento debe tener un propósito o podrían sentirse deprimidas por la falta de productividad.

Tal vez ahora deberíamos echar un vistazo a la sombra de Capricornio, que puede alcanzar su punto más oscuro durante la adolescencia. Esto se debe a que los materiales de la caja de herramientas del adolescente Capricornio, no coinciden con las demandas psicológicas de esta etapa de la vida Ellos necesitan tomar riesgos para desarrollar una identidad personal, ganar aceptación, desarrollar confianza y establecer compromisos. Para gestionar esos hitos del desarrollo se requiere una cierta dosis de confianza fogosa (del elemento Fuego), que quizás esté a su disposición; pero si no lo está, las cosas se pondrán más difíciles.

Generalmente, los adolescentes se preocupan más por la opinión de sus amigos, pero en el caso de los Capricornio, sus compañeros no suelen compartir los mismos valores de trabajo duro ni el rechazo a la frivolidad. En consecuencia, el joven Capricornio es fácilmente etiquetado como "nerd" y es acosado. El miedo se apodera de ellos y se retraen aún más. Un niño que ya de por sí puede ser reticente, tímido y tener dificultades con la superficialidad del grupo de compañeros, podría hundirse en el abuso de sustancias adictivas como una forma de sobrellevar o rechazar las exigencias que se le imponen. Las páginas de astrología te dirán algo como: "Pueden ser rebeldes en su juventud". Bueno, tal vez eso es cierto si el uso del alcohol o las drogas les da el coraje que sienten necesitar, pero esa es solo la mitad de la historia.

Así que entremos en la fase de los veintes de las personas Capricornianas. Ahora tenemos a un aspirante a profesional profundamente estudioso, desesperado por crecer, que sabe que todo irá bien cuando logre sus objetivos profesionales. Probablemente su adolescencia no fue tan buena, por lo que los Capricornio evitan deliberadamente cualquier otro tropiezo en las relaciones hasta que aparezca la persona indicada. Como mencioné anteriormente, será alguien que comparta esos sueños materialistas de construir propiedades y acumular el fruto de sus jubilaciones.

¿Y la sombra de Capricornio a sus veinte? Se encuentra en lo que están dispuestos a aguantar para lograr esos objetivos. Por ahora, tolerarán parejas abusivas o adictas, trabajo constante y condiciones de vida austeras. El entorno restrictivo, la carrera exigente o la relación con una persona herida es un cilicio que llevarán por un tiempo. Puede haber dos razones para esto: la primera es el impulso de enfrentarse a las experiencias difíciles de la vida, la otra es la familiaridad; como Capricornio, aprendió a sufrir de niño y lo repite por el resto de su vida.

Por último, hablemos de la sombra de Capricornio después de los treinta. Toda esa cautela y pragmatismo bien pueden haberse convertido en reticencia y cinismo. Los Capricornio han aprendido a ser desconfiados y a no mostrar sus cartas hasta conocer las del otro jugador. Esto puede manifestarse como una protección sensata, o puede ir demasiado lejos y expresarse como una profunda desconfianza y quizás un miedo paranoico bien disimulado. Capricornio es un signo Femenino y, por lo tanto, retentivo y con resentimientos ocultos. Es posible que les moleste pagar impuestos y que algunas personas reciban beneficios sociales. ¿Recuerdas a Ebenezer Scrooge y la Navidad en la descripción del elemento Tierra?

Para la etapa de su vida después de los treinta años, es posible que oculten esnobismo y desdén. Los Capricornio finalmente están superando a sus pares, por lo que toda la condena dolorosa ahora se puede devolver con intereses.

¡Vaya! Para algunos puede que no haya recuperación de todas esas dificultades anteriores. Evaluarán todo de forma negativa y su vaso siempre estará medio vacío, no medio lleno. El potencial de que todo salga mal siempre estará ahí para ellos, en espera de lo peor de manera permanente.

O bien, cuando te hayan hechizado haciéndote creer lo sociables que son, podrías experimentar un sutil sondeo de tus finanzas. Esto lo hacen con tanta discreción que puede pasar desapercibido. Sin embargo, Capricornio está evaluando tu riqueza y estado financiero; y si no es significativo, permanecerás en su círculo externo. Estos Capricornio parecen ser pensadores positivos, pero no se asocian con aquellos que no comparten sus valores y no tienen riqueza personal, ya que podría costarles dinero.

Ahora veamos el lado positivo. Los Capricornio tienen altos estándares que son de gran valor en la carrera que eligieron, pues mejorarán las prácticas de la industria con sus estrictos criterios. Sin dudarlo, yo compraría una casa construida por uno de ellos, pues trabajan con inmensa habilidad y determinación, y sus hogares siempre están en la mejor zona que puedan pagar. Las escuelas habrán sido cuidadosamente investigadas, al igual que el automóvil de excelente calidad estacionado en la entrada de casa. También encontrarán fácilmente su tienda de ropa favorita, ya que en su mayoría visten prendas de calidad. No rompen sus promesas y esto es importante para su imagen personal.

Al igual que su signo opuesto Cáncer, la vida familiar es importante; sin embargo, a Capricornio le preocupa la tradición y la estructura, mientras que las preocupaciones de Cáncer tienen que ver con la crianza, la alimentación y el amor incondicional. Capricornio toma muy en serio, y con responsabilidad, los compromisos familiares y matrimoniales.

Cáncer se asocia con la madre, mientras que Capricornio tiene antiguas asociaciones con el padre, influenciadas por la imagen del hombre del siglo XIX: un hombre rígido, autoritario y formal cuyos estándares eran difíciles de cumplir. Quizás ese no sea el caso en estos días, pero vale la pena preguntar por la relación de tu cliente con su padre, solo por si acaso.

Los Capricornianos pueden nacer en familias ricas porque sus padres les transmiten la energía de Capricornio. Los hijos heredan los signos importantes de sus progenitores. Pero, ¿cómo se siente eso cuando realmente necesitas luchar? El alma trabajará desde el inconsciente para generar las circunstancias que permitan que su energía Capricornio se perfeccione a través del desafío. Sin duda, los padres desconcertados dirán que les dieron todo y se preguntarán qué hicieron para merecer eso. Continúa con tus estudios de astrología y algún día estarás en condiciones de responder a esa pregunta.

Los asuntos espirituales generalmente llegan tarde —o nunca— a la mesa del hombre Capricornio. Aunque, en general, no es el mismo viaje para las mujeres, las cuales a menudo recurren al mercado metafísico. Para ellas, un despertar espiritual es cuestión de encontrar, desde su interior, la calidez emocional y el amor incondicional que es el dominio de Cáncer. ¿Recuerdas que la semilla de uno está en el otro? La seguridad emocional de Cáncer completa a la mujer Capricorniana, animándola a buscar aun más desde su ser invisible. Y a medida que se convierte en un pilar en el que otros se apoyan, siente la admiración y su Fuego/espíritu crece como respuesta.

La sensata, fuerte y terrenal dama de Capricornio ahora vive la paz espiritual y está lo suficientemente equilibrada como para no caer en los excesos del Fuego. Todo su dolor, trabajo duro y búsqueda intensa finalmente habrán dado frutos, y son los demás los que más se beneficiarán.

Elemento Aire

Figura 8. Signos de Aire

Ahora volvemos a un elemento Masculino, por lo que todo el entorno cambia. El Aire, al igual que el Fuego, se mueve rápidamente hacia adelante, hacia afuera o hacia arriba, prefiriendo la altura y la luz. Estos dos elementos se complementan entre sí al "facilitar" las acciones del otro. Se permiten, persuaden y apoyan mutuamente. El Fuego (imaginación) necesita Aire para comunicar y articular los sueños y visiones imaginativas. Sin las gracias sociales y los modales educados del Aire, el Fuego irrumpiría en todos los lugares equivocados. El Aire (ideas) necesita del Fuego para que lo caliente y vigorice, y le brinde movimiento y pasión. Estas son las dos partes de lo Masculino y juntas son comprensiblemente formidables; y aunque Aire busca ideas y patrones para darle sentido, lo que intenta es procesar y conectar. Eso es demasiado detalle para Fuego, quien simplemente "sabe", sin querer pensar en ello, y se impacienta con Aire.

Otra dinámica de astrología psicológica es aquella en la que el elemento Aire se opone al elemento Femenino de Agua, una relación que cubriremos más adelante en la sección de Agua.

Entonces, ¿cuáles son los fundamentos del Aire y cómo podemos entenderlo mejor?

Uno de los conceptos más importantes que debemos comprender es que el Aire trata de relacionarse, pero no es emotivo ni está motivado por las emociones. La palabra "relacionarse" tiene diferentes significados, y el que estamos estudiando aquí se refiere a "se relaciona con". Y "se relaciona con" significa que "se aplica a", "se coordina con", "se refiere a", "con referencia a", "pertenece a" o "va con".

El Agua, que es el elemento opuesto, hace las cosas emocionales "aguadas" (perdón por el juego de palabras). Mientras que el Aire hace la conexión, el contacto y la comunicación. Crea el entorno limpio, organizado y socialmente atractivo para juntarse.

Este elemento, un tanto desapegado en sí, separa las cosas, permitiendo un mejor escrutinio al no estar agrupadas. Es un elemento espacial que, en nuestra comprensión actual, llena los espacios del mundo tridimensional. Sin embargo, también debemos dejar cabida para la posibilidad de que el Aire tenga dominio sobre cualquier comunicación de tipo extraterrestre o sobrenatural. Urano y Acuario, en particular, están equipados para "sintonizar" con las vibraciones de la mente superior de naturaleza multidimensional.

Este es un elemento difícil de comprender. Pensando en sus equivalentes terrestres, podemos tocar y sentir el agua y la tierra. Podemos ver y sentir el calor del fuego. Pero solo sabemos que el aire no está allí cuando no podemos respirar; es un soporte vital invisible. Solo sabemos que está presente cuando se mueve, y en realidad los signos de Aire disfrutan y participan del pensamiento que fluctúa entre una y otra cosa.

Y esto es clave para entender el Aire de la astrología, pues se mueve, se conecta y crea redes. El aire de nuestra atmósfera es un medio que permite el vuelo y la conexión. Transmite ondas sonoras y nos permite relacionarnos usando palabras.

Los signos de Aire pueden describirse como sociables y sociales, pues ciertamente parecen muy amigables. Escuchan atentamente y con preocupación las conversaciones de los demás, pero la verdad es que realmente están cosechando opiniones nuevas y diferentes para analizar y reflexionar. Encuentran a las personas interesantes (¡en ese momento!) y quieren saber de ellas, por lo que entablan un diálogo y hacen contrainterrogatorio de la manera más agradable posible.

Piensan en la moral, los valores y los principios de las personas, y sopesan los pros y contras de su comportamiento correcto o incorrecto utilizando la mente lógica, no la intuición. Esto significa que tienden a no saltar tan rápidamente, como lo hace el Fuego; se detienen y piensan detenidamente porque aprecian diferentes y nuevos puntos de vista, ideas u opiniones. Esto es lo que los motiva y les encanta, y por eso lo hacen con gran gusto.

Necesitan espacio para hacer todo esto, por lo que no hay desorden en los procesos mentales. Por lo tanto, si están enojados con alguien, es muy posible que se retiren bruscamente para permitir que pase la tormenta emocional. No es una retirada de mal humor; saben que tienen que pensar para llegar a una evaluación más justa y objetiva del punto de vista de la otra persona, y eso no puede suceder en medio de una acalorada discusión. Para considerar todo tipo de opiniones diferentes, necesitan racionalizar sin ninguna emoción, por lo que no discriminan a través del enfado del momento. Eso no sería lógico.

Un rasgo realmente irritante es su necesidad de jugar al abogado del diablo para tener un buen debate. Pareciera que se inclinan por la esquina opuesta, pero en realidad solo tratan de meterse bajo la piel de la otra persona para ver todos los lados por igual. Todo es material para ejercitar el cerebro y cualquier cosa sirve como más alimento para la mente.

El Aire es el elemento más separado, lo que me lleva a creer que nuestros cerebros son la parte más separada de nosotros. Quien nos diseñó no lo hizo bien.

El Aire piensa en las consecuencias. Virgo hace un poco de esto cuando discrimina —sí a esta parte, más no a esta otra— pero el Aire realmente analiza y piensa: "Si hago esto, entonces tal será la consecuencia. Esto podría suceder si pongo ese cable allí... Pero si lo pongo acá, entonces esto otro podría pasar".

El Aire abarca la cultura y el lenguaje, el cual nombra las cosas y permite la experiencia compartida. Las palabras registran detalladamente los hechos. Pero escribirlas también separa la intuición, el instinto y la reacción visceral (Fuego) del cerebro (Aire).

La comunicación, el comercio, el intercambio de cosas y las líneas de suministro están bajo el dominio del Aire. Las personas fuertemente influenciadas por el Aire relacionan las necesidades con el excedente. "Esta tienda debería vender tal producto" o "Esta persona necesita esa información; debo hacérsela llegar".

La civilización humana se adapta al Aire porque valora la inteligencia mental, a la cual recompensa con el éxito académico. Las personas con muchos signos de Aire resaltados en su carta astral leen libros y almacenan conocimientos; la educación les cae bien. El Aire realmente piensa de forma innovadora, inventando, diseñando e impulsando el consumismo. La psicología y la astrología encajan de forma natural.

En los encuentros sociales normales, las personas de Aire son amables y agradables, con una conversación estimulante, respetando los puntos de vista de los demás. Valoran y dan crédito a cualquier opinión, incluso si está a un mundo de distancia de la suya. Sin embargo, la expresión de sentimientos generalmente es suficiente para desanimarlos por completo.

Las personas con mucho Aire en su carta astral generalmente permanecen tranquilas y desapegadas ante las muestras de emoción. Las lágrimas y las súplicas emocionales a menudo pueden hacerles voltear los ojos. Si te adentras en las oscuras sombras del elemento Aire, es posible que encuentres un comportamiento tan distante, altanero y desapegado de los sentimientos y la empatía, que comenzarás a hacer comparaciones con el personaje de Spock en *Viaje a las estrellas*.

Como no se sienten cómodos en las aguas emocionales, tienen dificultad para manejar las propias. Si se enfrentan a una gran pérdida emocional pueden derrumbarse, porque los circuitos mentales se sobrecargan y estallan. Los resultados pueden ser variados: desde reacciones extremas, con muchos lamentos y sollozos incontrolables, hasta una congelación de la capacidad emocional y ninguna señal externa de que haya sucedido algo en absoluto.

En ocasiones, debido a que no pueden procesar las emociones o encontrar una manera de vivir con ellas, las personas de Aire se retiran repentina y completamente sin dar explicaciones. Simplemente se desconectan y "desaparecen". Entran en un extraño mundo de amnesia autoinfligida o autoaislamiento. Y dado que este es el elemento más "separado", tal vez sea lo más cómodo. El Agua también hace esto, pero por razones mucho más trágicas.

Dicho lo anterior, es posible que te cueste creer que los signos de Aire se consideren buenos en la dinámica de las relaciones humanas y que a menudo trabajen en sitios que promueven la cooperación, el compromiso y la armonía en las relaciones sociales, laborales o románticas. Pero, curiosamente, lo hacen bien en estos roles, pues son amigables y buenos comunicadores.

En cuanto al lado positivo, a menudo se adaptan y ajustan con facilidad porque no se aferran a nada. Sin bagaje emocional ni antiguas parejas que llevar a rastras, hacer cambios es fácil. ¿Quién quiere comprar dos boletos económicos para pasar un fin de semana en Roma? El Aire generalmente se adapta a este tipo de situaciones.

Sin embargo, las relaciones románticas son su talón de Aquiles, ya que las parejas generalmente requieren de respuestas emocionales y el

Aire prefiere desapegarse y analizar. Sin duda, los mayores desamores que observo son causados por personas enamoradas de otros con prominentes signos de Aire, que no pueden devolver las respuestas emocionales requeridas, por lo que simple y sencillamente las cortan.

A pesar de esto, los signos de Aire sí quieren relaciones, de lo contrario no tendrían nada que analizar; es solo que no quieren la parte emocional y apegada. Les gusta el espacio, pero tampoco quieren estar solos. Son demasiado sociables como para que les guste la soledad.

Cuando el Aire sí desea un contacto emocional cercano (lo que a veces sucede porque hay Agua en alguna parte de esa carta astral), no tiene idea de cómo pedirlo y anda con rodeos, incapaz, a veces, de mostrar el deseo abiertamente. Y luego se enfada cuando la pareja no reconoce las señales por ósmosis y no responde tomando la iniciativa. La pareja suele a estar demasiado asustada como para complacencias, pues casi siempre recibe desaires.

El símbolo de Géminis es un par de gemelos. El símbolo de Libra es una balanza de dos platillos que, originalmente, tenía a un dios niño en un disco solar encima del punto de equilibrio de la balanza (o debajo). El símbolo de Acuario es la deidad Hapi, perteneciente al Antiguo Egipto, que sostiene dos ánforas —una en cada mano— de las que se vierte algo "acuoso". Hapi es el nombre del dios asociado a la crecida del Nilo, con agua vivificante. También está conectado a lo que los egipcios llamaban agua mágica, curativa o dulce, la cual purificaba los dos Ojos de Horus (*Udjat*), que representaban el Sol y la Luna llena. No hay animales en estos símbolos, solo figuras de deidades al estilo humano. Ya sea por accidente o por diseño, este es un recordatorio conveniente de lo diferentes que son los signos de Aire. ¿Notas la temática de "dos"? Un conjunto de gemelos, una balanza con dos platillos y una deidad sosteniendo dos ánforas para cuidar los dos Ojos de Horus. El tema de "los dos" es símbolo del equilibrio y de Maat. Tal vez los antiguos egipcios encontraron una dualidad o polaridad particularmente significativa.

~ GÉMINIS ~

Signo zodiacal de Aire

Glifo ♊

Tercer signo del cinturón zodiacal
Signo más bajo de Aire
"Yo pienso"
Regido por Mercurio
Su símbolo son los gemelos

Este capítulo no habla sobre Géminis como signo solar, sino que se refiere a la energía Géminis que hasta cierto punto existe en todos nosotros. Las personas Géminis o los tipo Géminis que se analizan aquí, simplemente tienen más de esta energía que la mayoría.

Hace décadas, uno de mis profesores de astrología comparó la energía de Géminis con una albóndiga con brazos. En ese momento, mi Sol en Géminis se sintió bastante insultado, pero ahora entiendo perfectamente la idea. Es la superficialidad y la falta de profundidad lo que hace de Géminis algo tan particular. No ofrece resistencia, simplemente fluye con las cosas. Sigue, se transforma, se adapta, cambia, y facilita otras energías e impulsos más fuertes. Puede que los signos solares de Géminis no sean tan ligeros, pero eso se debe a que el Sol no es fácil de convencer y a que tienen otros planetas y signos del zodiaco, en su carta astral, que compensan y hacen valer su fuerza.

Géminis es el signo zodiacal de la comunicación y creo que es importante señalar que se trata de un "servicio" que permite transmitir ideas e información. Por lo tanto, puede ser útil que sea una energía tan caprichosa, pues tiene un bajo impacto en el contenido y simplemente transmite material.

A la gente de Géminis le gusta conectar con las personas para que puedan "transmitirse cosas". Ana dice que busca una bicicleta, así que cuando la energía de Géminis se entere de que José vende una, la pondrá en contacto con él. La gata del trabajo de Juana acaba de tener gatitos y la gata de la señora Ramírez ha muerto. ¿Quizás le gustaría saber cómo conseguir otro gatito?

A los Geminianos también les fascina comparar y contrastar. Si los dejan a su propia suerte, son capaces de entrar en un supermercado, anotar los productos y precios, y luego cruzar la calle para visitar otro y hacer lo mismo a fin de comparar precios. Y puede que no lo hagan por necesidad económica, simplemente disfrutan del proceso. Les encanta estar en movimiento y descubrir el mundo que los rodea, por lo que ir de un supermercado a otro es todo un disfrute.

Dicho esto, no olvidemos que los Geminianos son hábiles negociantes a quienes les encanta conseguir gangas. No se trata tanto del dinero (eso no les importa tanto), sino de la emoción de aprovechar al máximo un sistema de promociones o estar en el lugar correcto y en el momento justo para quedarse con la última sartén en liquidación.

Regatear, intercambiar y negociar una gran compra es para ellos como maná caído del cielo. Les encanta cerrar un trato lucrativo, porque demuestra lo listos que son, y les encanta ser inteligentes e ingeniosos. También les gusta trabajar en ventas para charlar con los clientes y y encontrar la oportunidad para compartir información. Les gusta conocer las nuevas experiencias e ideas de los demás. Pueden añadir esto a la gran cantidad de información que ya tienen almacenada en sus bancos de memoria.

Los Géminis disfrutan de la variedad, pero rara vez extraen de ella un significado más profundo. Les gusta hablar para divertirse y sus conversaciones van de un tema a otro. La mente de Géminis es como un caleidoscopio mental que cambia de forma. Justo cuando están admirando una forma, cambian a otra y tienen que empezar de nuevo. Los Géminis se divierten con la rapidez de sus procesos mentales, tan veloces como el rayo.

El problema es que sus opiniones cambian a diario. Ninguna idea es fija, todo es fluido y cambiante. La energía de Géminis cambia constantemente, así como lo hacen los patrones de las nubes en el cielo. De hecho, en un reporte meteorológico ellos te mostrarán un video simulado de formaciones nubosas que se mueven rápidamente por la superficie de la Tierra. Nunca se quedan en el mismo sitio, siempre toman una nueva posición y experimentan distintas perspectivas. Este es el mundo de la energía de Géminis.

Y esto, de hecho, produce resultados "debatibles". En la mente de alguien con mucha energía de este tipo, una declaración firme y decisiva es un punto de partida, no la línea de llegada, por lo que debe estar sujeta a debate y abierta a ajustes o reemplazos. Esto funciona en ambos sentidos, por lo que a los Géminis se les puede imponer una regla estricta e inmediata, pero ellos querrán desafiarla con preguntas y alternativas lógicas. También podrían hacer una declaración clara e inequívoca, para luego no cumplirla.

Siempre están abiertos a que los convenzan de una opinión diferente. Esto podría verse como flexibilidad o inconstancia, algo bastante molesto para las criaturas más predecibles. Quizás todas las mariposas sean de signo solar Géminis, porque las dos especies tienen mucho en común.

Igualmente molesto puede ser la necesidad de ver ambas vertientes de un argumento. Jugarán al abogado del diablo solo para ver qué pueden aprender de la otra parte. "¿Qué pasa si hago esta pregunta o planteo este punto?". Es comprensible que se les pueda acusar de deslealtad si parecen estar siempre inclinándose hacia el otro lado.

Esto llega hasta el punto de preguntarse qué estaba pensando un asesino en serie o un hombre que golpea a su esposa. La curiosidad de Géminis no se detiene en el lado oscuro. El dios asociado a él es Hermes, el único al que se le permite entrar y salir del inframundo. Parece que no hay ningún lugar al que el espíritu de Géminis no vaya.

Todo esto hace que parezca carente de principios, poco diplomático o con falta de sensibilidad emocional. Por otro lado, los Géminis son excelentes periodistas y estudiantes académicos pues siempre quieren ver el otro lado de la moneda.

Volviendo a Hermes, también era el dios de los ladrones, y el lado oscuro de la energía Géminis nos habla de lo hábiles que son para ser delincuentes, villanos y embaucadores. Pero los Géminis no buscan pleito; de hecho, son cobardes absolutos. La violencia física no es su estilo. Prefieren un debate bueno y estimulante. El dolor de un ataque violento los aterroriza. A los Géminis les gusta evitar la violencia, dejándosela a los signos de Fuego y a Escorpio. Quizás simplemente no pueden comprometerse lo suficiente con una opinión como para estar dispuestos a luchar por ella.

Su inocente curiosidad los mete en muchos aprietos, y tarde o temprano terminan siendo los culpables de todo. Como no recurren a la violencia física, puede resultarles difícil defenderse, pero si logran encontrar la manera de salirse de aprietos hablando, estarán a salvo. La educación temprana puede ser problemática, ya que se aburren e inquietan con facilidad, pero si tienen un buen maestro que haga las cosas interesantes, generalmente aprenden rápido. Carecen de la capacidad de concentrarse y necesitan a alguien que se siente y discuta las cosas con ellos. Tener a alguien que los mantenga encaminados y enfocados marca la diferencia entre hacer la tarea o distraerse con cualquier otra cosa.

No hace falta decir que todos los Geminianos tienen un libro en algún lugar. Aman las historias y son hábiles con las palabras, así que es una pena cuando no pueden citar algo que ha sido publicado, aunque sea un artículo en línea. Pueden escribir cartas ingeniosas, sofisticadas y efectivas para quejarse de algo o aclarar un punto, por lo que la sección de "Cartas al editor" sería un buen punto de partida.

Sin embargo, pese a su placer por criticar a algún proveedor por un mal servicio, tienen una gran dificultad para escribir cartas personales. Esto se debe a su aversión a describir y experimentar sentimientos privados. Es mucho más fácil señalar que los problemas del tráfico en el centro comercial local se reducirían, en gran medida, si se implementara un sistema de un solo sentido. Eso sería lógico.

¿Y los mensajes personales? ¡Uf! No solo les preocupa que malinterpreten sus palabras, sino además les incomodan los sentimientos. ¿Por qué y cómo intentarían describirlos? A los Géminis no les gusta escribir sobre sus propios sentimientos. Está bien leer sobre los de los demás, es parte de su curiosidad por las personas, ¿pero los suyos propios? ¡No!

Ahora hablemos de libros. Los Géminis te dirán que aman los libros, y ciertamente todos tienen una buena colección de ellos. ¡Pero cuidado con los marcadores a mitad de camino! Seleccionarán las mejores partes y dejarán el resto del libro sin leer.

Lo mismo se podría decir de sus relaciones. ¡Si tan solo pudieran seleccionar las mejores partes y dejar el resto con un marcador a la mitad! Y es que, primero, una pareja debe ser constantemente interesante, y eso ya es un desafío. Sobre todo, necesitan ser buenos conversadores ya que si la mente de Géminis no está entretenida, entonces ni el clon de George Clooney sería suficiente para que una relación funcione.

A los Géminis les impacienta lo doméstico y la gente aburrida, y una relación podría incluir ambas cosas. Pero como les gusta divertirse y coquetear, dependiendo de otros aspectos de su carta astral, podrían verse envueltos en triángulos amorosos, y eso hará que su vida se mantenga interesante.

La mejor manera de conservar un romance Geminiano es manteniendo una buena vida social con un montón de amigos estimulantes y con una gran variedad de entretenimiento. Los Géminis pueden enamorarse, y de hecho lo hacen, pero tiene que ser de un mejor amigo o de una comunicadora inteligente. No les interesa estar con una persona famosa o rica, pero tampoco quieren que alguien les corte las alas y les haga chantaje emocional.

En cuanto al lado oscuro…

Veamos... Son volubles y no se comprometen. Algunos astrólogos hablan de cambios de humor con muchas caras diferentes. No sé si se deba a que los demás signos, más fuertes, toman el control de vez en cuando. Géminis es una energía bastante débil. Es posible que cantidades extremas de Géminis provoquen un trastorno por déficit de atención con hiperactividad.

Los geminianos suelen padecer de insomnio, y no ocasionalmente sino por lo general. Su cerebro no se apaga y los mantiene despiertos. Pueden tener crisis emocionales o problemas de salud si están demasiado aburridos o confinados.

~ LIBRA ~

Signo zodiacal de Aire

Glifo ♎

Séptimo signo del cinturón zodiacal

Signo medio de Aire

"Yo soy balance"

Regido por Juno y Venus

Su símbolo es una balanza

Este capítulo no habla sobre Libra como signo solar, sino que se refiere a la energía Libra que hasta cierto punto existe en todos nosotros. Las personas Libra o los tipo Libra que se analizan aquí, simplemente tienen más de esta energía que la mayoría.

Vayamos directo al grano. Superficialmente, la energía de Libra es educada, amable, amistosa y bondadosa. Pero con solo raspar la superficie, la inocente dulzura desaparece rápidamente. Los Libra no son muñecas Barbie, a pesar de lo que digan las páginas web de astrología e incluso ellos mismos. Esta energía tiene dos caras: una es diplomática, amable y atractiva, pero también intelectual, civilizada, justa y educada. Mientras que **la otra cara** es indecisa, fría, argumentativa, exigente, combativa y controladora.

Si bien es cierto que la energía Libra busca un entorno bello y armonioso, con coordinación de colores y flores, el signo zodiacal Libra respalda esto con la inteligencia perceptiva y el intelectualismo estratégico del Aire. Este es un signo Masculino, no lo olvides, pues de lo contrario podrías llevarte un gran susto cuando veas un destello de su signo opuesto Aries irrumpiendo a través del Aire contenido de Libra y disparando unos cuantos misiles. Recuerda que cada signo contiene las semillas de su opuesto en la rueda zodiacal. Libra contiene las semillas de Aries, y cuando se desequilibra, la energía Masculina irrumpe.

Todo tiene que ver con la balanza, que es un objeto mecánico. La naturaleza de Libra se dedica a la mecánica de equilibrar los signos, por lo que se esfuerza por ser justa e igualitaria. Cabe destacar que me refiero a la interpretación de justicia e igualdad de Libra, pero todos tenemos nuestra propia versión. A Libra se le atribuye un fuerte sentido de la justicia, pero en su versión Aire y esta batalla irá tan lejos como

"Ojo por ojo y diente por diente". Sin importar cuán amables parezcan los Libra, ellos comparten con Aries una oposición de conflicto.

Incluso en circunstancias normales, los Libra esperan un intercambio justo. Su pensamiento sigue la línea de "Si hago esto por ti, espero esto a cambio". "Te compré algunos alimentos en el camino a casa así que, a cambio, deberías limpiar mi auto". La energía Libra pagará por lo suyo y se estresará por dividir la cuenta del restaurante exactamente a la mitad, porque es lo correcto.

Hay un comportamiento particular que todas las personas que tienen una energía fuerte de Libra adoptan inconscientemente: cuando intentan decidir algo, consultan la opinión de todos. Llamarán a amigos, le preguntarán a un completo desconocido en una tienda, a toda la clase de yoga y a todos en la puerta de la escuela... ¿Y luego? ¿Harán listados y sumarán todos los "no" y "sí" que recibieron como respuesta? Pues no, no lo harán. ¿Puedes creerlo? ¡No quieren que nadie más decida por ellos; simplemente hacen lo que quieren hacer! Es en serio. Fueron justos, preguntaron a su alrededor y sopesaron brevemente todas las respuestas, pero luego agregaron algo de peso propio a su extremo favorito de la balanza.

Algo que aprenderemos más adelante es que Libra es una energía "cardinal", lo que significa que tiene que instigar e iniciar, independientemente de las opiniones externas. Por eso, siempre pedirán la opinión de todos los demás, pero al final tomarán sus propias decisiones, sin tener en cuenta ninguna de esas opiniones. ¡Increíble! Sencillamente necesitan enfretarse a otro, porque su mundo es dual, no singular. He aquí un pequeño truco a la hora de hacerlos decidir: los Libra tomarán una decisión rápidamente si intentas hacerlo por ellos. Instantáneamente aparecerá una decisión. Observa este ejemplo: Has esperado con paciencia, tanta como el empleado de McDonald's, a que Libra ordene su comida: "Un Big Mac o un cuarto de libra… Big Mac o una ensalada de pollo…". Solo di con voz firme: "Yo decido por ti: ¡Elige el Big Mac!". Inmediatamente, el personaje Libra tomará una decisión: "¡No! ¡El sándwich de pescado!". ¿No me crees? Inténtalo.

Aquí es donde su necesidad de un mundo dual choca con su propia autoridad para iniciar o instigar. Analicemos esto más a fondo.

Existe un secreto poco conocido para comprender la psicología de la naturaleza Libra, el cual está integrado en su concepto de la relación perfecta: el mundo de dos, donde dos personas o dos cosas están en equilibrio. Como los dos candelabros en la mesa del comedor, uno a cada lado, en perfecta simetría. Primero es necesario que exista una persona importante, luego idealizarán a ese amante para elevarse juntos al mundo de dos.

Por desgracia, la energía Libra quiere que la luna de miel, donde todo es color de rosa, dure para siempre, por lo que quedan devastados cuando esa persona idílica llega a tener los pies sucios o mal aliento.

Los Libra invierten mucho tiempo y energía en sus relaciones. Son maestros de la atención y de los halagos, al principio. ¡Pero hay que tener cuidado! Cuando el amor romántico se convierte en una relación humana básica, como suele suceder con el tiempo, los Libra generalmente dejan de ver las cosas color de rosa y comienzan a ser críticos. Entonces, la relación ya no será perfecta.

Si la relación en sí se ve amenazada, Libra se desequilibra. Y dado que dos es el número mágico, la compañía del otro es la necesidad más imperiosa. Por lo tanto, la justicia pasa ahora a un segundo plano y Libra cede para preservar el vínculo. Pero sus balanzas ahora están desequilibradas y las cosas se volverán cada vez más difíciles para ellos. Vivir en una relación desigual los coloca en modo defensivo, por lo que se aíslan emocionalmente (signos de Aire), aun cuando sigan estando presentes físicamente. El sexo será lo primero en desaparecer, ya que al menos pueden controlar el acceso a su cuerpo. La energía Libra cambiará y se tornará crítica, rencorosa y volátil.

Pocas parejas aguantarán más allá de este punto (por diversas razones, Cáncer, Capricornio y Piscis son las excepciones). Eventualmente, incluso los Libra se desilusionarán y se les acabará el amor. Tienen que estar a la altura de su propio sentido de la perfección, por lo que se decepcionan a sí mismos cuando no lo logran. Así, se darán cuenta de que no les gusta en lo que se han convertido.

Esto les provocará sentimientos de culpa y odio hacia la relación, acompañados de más escenas de enojo. Libra generalmente terminará la relación en esta etapa, pero si el miedo a NO estar en una relación llega a ser mayor, podría más bien **aferrarse** a ella.

Aquí radica el problema de Libra: si constantemente están predicando que tienen la respuesta perfecta para la relación ideal y que poseen un certificado en asesoría para demostrar su superioridad en esto; entonces, cuando no pueden evitar ser celosos y revisan en secreto el teléfono de su pareja, se ven (y sienten) bastante tontos. Como signo de Aire con una necesidad real de espacio, Libra no quiere ser visto como una esposa celosa y codiciosa. Las emociones inestables de este signo son dolorosas y angustiantes para todos los involucrados, pero su caída proviene de su incapacidad para discutir sus propios sentimientos. Si los Libra pudieran explicar y expresar honestamente sus miedos e inseguridades secretas, podrían encontrar a un oyente dispuesto a simpatizar con ellos y comprenderlos. Necesitan aprender a pedir ayuda cuando sientan que su "experiencia" en relaciones les está fallando, y necesitan consejos sobre cómo acercarse a su pareja con humildad y amor cuando no logran hacerlo bien. En suma, necesitan aprender a pedir un abrazo, algo que al Agua se le hace tan fácil.

Así que aquí tenemos al signo de las relaciones, pero parece que las personas con más energía Libra son las que más dificultades tienen en este departamento. El elemento Aire hace que sientan una necesidad de espacio, una aversión a la cercanía emocional, y eso les confiere un gen perfeccionista quisquilloso e ideales imposibles de alcanzar en una relación. Libra es el signo intermedio de los signos de Aire, y como tal es el que más va a sentir dolor. Son demasiados los conflictos por reconocer, procesar, trabajar y tratar de perfeccionar en una relación, y los Libra carecen de tolerancia incondicional, perdón y aceptación de las debilidades humanas básicas.

Pensar es propio de los signos de Aire, y la energía de Libra no es una excepción. Los Libra intentarán considerar todos los puntos de vista. Tanto es así, que pueden fracasar en la toma de decisiones al verse atrapados en replanteamientos, reevaluaciones y perfeccionamientos. Quieren ser justos y no quieren pasar por alto ni un solo punto de vista. Su intención es ser vistos haciendo lo correcto, por lo que siguen revisando y corrigiendo su pensamiento una y otra vez. Sin embargo, es posible que esto no sirva a los dioses de la justicia, ya que quien lo hace tiende a reinterpretar los eventos para colocarse en una posición más favorable.

Puede que a los Libra no les agraden los demás en general (siempre hay un momento en su vida en el que realmente le tienen temor a la gente), más no son capaces de ser tan honestos, ni con ellos mismos ni con los otros. Las personas no son perfectas, pero los Libra nacen con la creencia de que pueden hacerlas perfectas y pueden hacer la diferencia.

Y este es el signo de las relaciones humanas… ¿Por qué? He pensado mucho en eso y creo que hay una razón esotérica poco conocida que voy a compartir contigo.

Nacemos en esta dimensión con una carta astral que describe nuestro propio conjunto particular de luchas. Se trata de conflictos difíciles que estamos destinados a enfrentar a lo largo de nuestras vidas. ¿Por qué? Hacemos esto en nombre del cosmos, que aprende y se refina a sí mismo a lo largo del tiempo. Y, a medida que nuestra experiencia y aprendizaje se alimentan del mundo espiritual invisible, se trabajan todos los conflictos internos del cosmos, se encuentran respuestas y se hacen mejoras. Cuando morimos, nuestro conocimiento y sabiduría son absorbidos por el Lago invisible de las almas del mundo, y esto mejora la calidad del mismo para los próximos participantes. Por lo tanto, ninguna de nuestras luchas es en vano y nuestra contribución tiene valor. Y, como con todos los demás signos, la tarea de Libra no está destinada a ser fácil; tiene un propósito espiritual.

Esta energía puede ser lo suficientemente diplomática como para estar de acuerdo con un lado de la disputa y luego con la contraparte, simple y llanamente porque no les gusta pelear con la gente. Piensan que, si discuten demasiado con otros, no habrá nadie con quien equilibrar las cosas. Por lo tanto, tratan de mantener a todos en una energía armoniosa.

Les gusta iniciar conversaciones y acciones diplomáticas con el fin de tener relaciones ideales y mejores, y quieren guiar a los demás con cuidado y diplomacia. Por eso eligen las palabras cuidadosamente, como "nosotros", para indicar sociedad, y "trabajar juntos".

Muchos Libra son sensibles a la antipatía, lo que los hace sentirse incómodamente conscientes de la desaprobación de los demás. Hay una ironía en esto, pues por un lado buscan la aprobación y por el otro quieren juzgar y "perfeccionar" las habilidades de relacionarse de los demás, lo que les hace ganarse críticas que no pueden soportar. A menudo piensan en este tipo de dilemas, lo que los vuelve confusos y difíciles de tratar.

Debido a que los Libra necesitan de otras personas para equilibrarse y ser amigos, les gusta atraer a los demás. Ellos mismos son susceptibles a los halagos y la atención, y saben cómo darlos para crear un intercambio armonioso y atractivo. Es en esos momentos cuando son más amables y agradables.

Lo anterior, nos conduce a conversar sobre sus grandes dones en la vida, como el diseño y el estilo, ya sea en interiores, exteriores, a gran escala o solo en el alféizar de una ventana. En esto sobresalen. Los ideales de simetría y perfección, así como armonía y equilibrio, los ejecutan con pericia, incluso si nunca han tenido un entrenamiento formal. Este signo solar está naturalmente en sintonía con el uso inteligente y encantador del color y del espacio con cualquier material. Organizan lo que tienen a la mano de manera hermosa. Una cinta vieja de Navidad, manteles bordados tipo *vintage* —olvidados en el armario de lencería— o una planta dentro de una maceta con el color adecuado, aparecen mágicamente para hacer que el viejo alféizar de la ventana se vea bonito.

O puede tratarse de una vela perfumada para eliminar un olor desagradable. Dales una hora en una habitación que pida atención y no la reconocerás. Los Libra pueden aportar gracia, equilibrio y estilo a una tienda de campaña en el desierto egipcio o a un departamento de soltero desordenado. ¿Qué tal una bandeja de comida para un inválido? ¿Qué tal combinar las servilletas de color coral con el color del salmón escalfado servido en conchas de vieira? Aquí es donde sobresalen los Libra, por eso los encontrarás en centros de jardinería, girando cuidadosamente las macetas para que las flores luzcan lo mejor posible. O tal vez estén en una floristería, donde su increíble habilidad para arreglar flores los convierta en los mejores de la zona. Diseño de jardines o diseño de interiores ...¿puedes hacerte la idea?

Un campo profesional adecuado sería alguno relacionado con la ropa, ya sea diseñándola o vendiéndola al detal. ¿Te imaginas su habilidad para decorar vitrinas? Otras carreras ideales también serían el diseño gráfico y la creación de sitios web. Cuando la energía de Libra está en el entorno adecuado, diseñando o vistiendo algo, estos seres pueden ser tan absolutamente encantadores, amigables y amables, que se pensaría que no tienen ningún problema con nada. Y no lo tienen. Es el mundo acuoso de las emociones humanas lo que los desequilibra.

Les resulta muy difícil articular sus sentimientos pues los creen vergonzosos, ilógicos y sin sentido, por lo que prefieren que adivines lo que quieren antes que tener que contártelo. Y suele ser aquí donde las cosas empiezan a ir terriblemente mal.

Tal vez si los Libra pudieran atenuar la crítica de la imperfección, tanto la propia como la de los demás, e introducir el humor para tener diversión, la vida en pareja sería menos desafiante. Reírse de ellos mismos, al lado de una pareja, suele ser el mejor sanador de relaciones que existe.

~ ACUARIO ~
Signo zodiacal de Aire

Glifo ♒

Onceavo signo del cinturón zodiacal
Signo más alto de Aire
"Soy rebelde"
Regido por Urano
Su símbolo es el aguador

Este capítulo no habla sobre Acuario como signo solar, sino que se refiere a la energía Acuario que hasta cierto punto existe en todos nosotros. Las personas Acuario o los tipo Acuario que se analizan aquí, simplemente tienen más de esta energía que la mayoría.

Su símbolo es el aguador. Puedes consultar el final de esta sección para una discusión en torno a este aspecto.

Las personas Acuario son para todos y no pertenecen a nadie. No les gusta la gente, pero aman a sus amigos, y lo que quieren en una relación romántica es... libertad. Entonces, cuanto más aman, menos te quieren cerca. ¿Suena raro? Pues es porque ellos también lo son. Y más que eso: se enorgullecen de ser raros. Les gustan las personas extravagantes, diferentes, innovadoras y marginadas, y les disgustan los arribistas formales y convencionales. Mantener ese punto de vista en un mundo construido sobre el estatus y el dinero requiere de mucha terquedad, y ellos la tienen en abundancia.

Lo curioso es que ven claramente cómo deberían cambiar todos los demás y el mundo, y y no dudan en predicar al respecto. Sin embargo, ellos mismos son extrañamente "inflexibles" y se resisten al cambio. ¡Y eso, por supuesto, nunca lo admitirán!

Imagina nacer como un rebelde y también tercamente inflexible. Tendrías que estar bastante decidido a no escuchar las críticas, ¿no? Por lo tanto, resulta útil ser dogmático y verdaderamente indiferente a las opiniones de los demás. Los tipo Acuario pueden hacer eso. Realmente pueden estar desconectados de cualquier otra cosa que piense la gente. Será algo útil si eres un científico que quiere demostrar que el resto de la comunidad está equivocada.

Hagamos un viaje al sistema solar por unos minutos, porque vamos a encontrar sincronías interesantes entre la energía de Acuario y el planeta que lo gobierna.

Urano es inusual. Bueno, más que inusual. De hecho, es completamente imposible. La mecánica del sistema solar significa que, en general, todos los planetas tienen un polo norte y un polo sur que apuntan en la misma dirección, como en la Tierra. Digamos que esos polos van de arriba hacia abajo y giran alrededor de ese eje. Pero Urano no lo hace; es el único planeta que permanece de lado, en comparación con los demás. Sus polos norte y sur están en el mismo plano que nuestra línea ecuatorial. Nadie puede explicar esto cabalmente; es algo que no tiene sentido. ¿Acaso esto no nos habla de rebelión y de una necesidad de ser diferente? De hecho, ser diferente es algo de lo que se enorgullecen los Acuario.

¿Te acuerdas de Leo, el signo de Fuego con una fuerte necesidad de ser diferente, único y especial? Pues Leo es el signo opuesto de Acuario, y estos dos signos juntos forman una oposición que busca principalmente revelar y adorar al espíritu divino, el ego, el orgullo o el fuego dentro de nosotros (el lado Leo).

Acuario lleva este confiado Fuego de Leo a un escenario más amplio, donde ha de defenderse. La energía Acuario nos advierte que no somos especiales, solo somos una hormiga en un gran hormiguero o un grano de arena en la playa.

Probablemente empieces a tener la impresión correcta, pues la energía Acuario y los Acuario son diferentes. Son excéntricos, visionarios, rebeldes, obstinados, de espíritu libre y con acceso a una inteligencia superior. Sus habilidades están muy alejadas de las relaciones románticas y la emocionalidad inherentemente humana.

En algún lugar escondido, al cual los individuos no pueden acceder, se encuentran las ideas más evolucionadas y de mayor alcance para la raza humana. Esta energía incluye las matemáticas y las ciencias avanzadas, como la física cuántica o la astrofísica, pero los Acuario pueden ser reacios a presentar dichas ideas porque realmente no quieren ser el centro de atención. Algún otro "idiota" (según sus propias palabras) llevará sus puntos de vista a la esfera pública y Acuario finalmente se levantará y discutirá con ellos, siendo brusco y desconsiderado en el proceso.

Acuario es franco y no le importa, pero se enorgullece de ser un gran defensor de la verdad (según su versión). La energía Acuario puede sorprender o asustar fácilmente, pero ellos prefieren pensar que están ayudando a otros a despertar del sueño inducido de las masas.

¿Y cómo vive el Acuario promedio en este mundo? La necesidad de grupos más numerosos que la familia es una gran influencia, por lo que esta energía se encontrará más en las comunas o situaciones de vida grupal, que en cualquier otro lado. El movimiento del amor libre es (o era) de naturaleza Acuariana. Por ello, dondequiera que encuentres acuerdos sobre el poliamor (múltiples parejas sexuales), encontrarás a un Acuario o un Piscis.

¿Por qué? Porque la energía Acuariana funciona en conceptos más grandes y amplios que solo en una pareja. Y a menos que también tengan una vida laboral y social plena, una pareja simplemente no les será suficiente; de hecho, será potencialmente aburrida. Por supuesto, a medida que envejecen, generalmente enfrentan una carrera a la que le dedican todo su tiempo, ya que tienen mucho más potencial para lo nuevo y emocionante. Creo que fue Linda Goodman quien escribió, en la década de 1970, que este es el signo con menos probabilidades de casarse o tener una relación.

La liberación y la libertad son grandes ideales. Pero, ¿libertad en qué sentido? Es realmente difícil ser libre de manera absoluta, así que, dejemos de lado esa opción.

Acuario viene después de Capricornio en la rueda zodiacal, y es como si su energía rebelde necesitara romper con la formalidad y el materialismo de Capricornio, así como con todas sus reglas y restricciones. Los signos de Tierra tienden a querer que todo sea concreto, pero Aire quiere libertad.

Los Acuario prefieren trabajar con un grupo de otros "pensadores ilustrados" para desafiar y derrocar a la élite, y rara vez hacen intentos solitarios. Eso es con el fin de no destacar entre la multitud, como le gustaría a Leo.

Los Leo nacen para encontrar lo especial dentro de sí mismos, para hacer crecer y amar a su niño interior y su ego, y para creer que son especiales. La energía Acuario dice que ningún ego es especial, y le disgusta hacer que alguien se sienta especial o diferente. La elección individual es irrelevante y la verdad cósmica lo es todo, por eso pueden ser muy impacientes con las personas egocéntricas.

Y hay más excentricidades. Los Acuario pueden tener una conversación muy profunda contigo un día, pero al día siguiente pueden pasar a tu lado y no notarte. Podrías verlos conversando animadamente con el cartero durante media hora y preguntarle sobre sus colegas y la huelga postal, pero al día siguiente podrían ignorarlo. ¡Tal vez el cartero solo sea otra hormiga en la colonia, aunque su papel en la rebelión era muy interesante!

¿Y qué pasa con el obrero de la fábrica que se alegra de ver a sus compañeros todos los días y ya no se involucra con su esposa, con quien aún vive sin saber nada de ella? Probablemente no esté emocionalmente atado a nadie. Le gusta ir el sábado a ver un partido de fútbol por la euforia y la camaradería del grupo, pero para todo lo demás es brusco e insensible. Hace mucho tiempo que su esposa dejó de tratar de hablar con él y por eso pasa el tiempo con los vecinos o los nietos. Quizás su padre era igual, por lo que él no ve la necesidad de cambiar; eso es lo que considera "normal".

Por otro lado, podríamos tener un pensador humanitario con grandes ideales para alcanzar el bien común. Sus principios y su ética lo llevan a convertirse en un político local, un trabajador social o a desempeñarse en alguna otra profesión que lo obligue a unirse a una comunidad que se ocupe de temas sociales. Los grupos no hacen demandas emocionales a los individuos, y los hombres Acuario se sienten muy incómodos con sus propios sentimientos y muertos de miedo con los sentimientos ajenos. Por eso, dentro de un grupo se siente a salvo.

Las exparejas de los hombres tipo Acuario a menudo se quejan de que ellos quieren que sigan siendo "amigos" después de una ruptura; y eso, en realidad, es un cumplido, pues valoran a los amigos. Desafortunadamente, las personas con la mala suerte de estar en una relación sentimental con un Acuario tendrán que vivir con el hecho de que nunca las harán sentir especiales, además de que estos hombres necesitan de mucho espacio y tiempo libre. La relación podría funcionar si ambos trabajan como tripulantes de cabina en aerolíneas internacionales.

Las mujeres Acuario también prefieren la lógica a las emociones y quieren un amigo como pareja, aunque no tienen tanta fobia al apego como sucede con los hombres. Suelen concentrarse en el hogar y aplicar sus altos ideales a la limpieza y la decoración. La necesidad de Acuario de líneas rectas y superficies despejadas suele ser obvia y, por elección propia, sus casas estarán repletas de vidrio y acero inoxidable, pues son materiales fáciles de limpiar. Algunas mujeres tienen un sistema nervioso tan agudo que puede provocarles un aparente tic nervioso y un comportamiento obsesivo con la limpieza de la casa. Estos altos estándares se traducen bien a su lugar de trabajo. A menudo se sienten atraídas por la psiquiatría y la psicología, porque son lógicas.

Aunque los Acuario tienen más que su justa proporción de genios entre ellos, no son tan hábiles, como Géminis, para el debate o la argumentación. Se pierden en los pros y los contras porque sus mentes no son lo suficientemente flexibles para cambiar de posición rápidamente. Pueden ser pensadores "singulares" y "fijos" en simples intercambios humanos. Debido a esta rigidez, no cederán ni una pulgada, sin importar cuán convincente hayas sido en presentar tu caso. Sin embargo, este pensamiento fijo es positivo para perseguir rigurosamente creencias "marginadas" o conceptos de otro mundo. Trátese de la negación del COVID, los OVNIS o la segunda venida de un mesías, no se dejarán influenciar.

Su otra debilidad es que evitan todo contexto emocional. Por lo tanto, al descartar mentalmente todo el contenido emocional de un argumento, pueden perder su caso. Y si la evidencia en su contra es abrumadora, simplemente se alejarán y callarán. Su mejor defensa consiste en desaparecer.

Hace años leí que a los Acuario no les gusta la educación convencional, por lo que muchos educan a sus hijos en casa. Pensé que sonaba un poco exagerado, pero en realidad es más común de lo que parece.

Veamos los signos de una manera diferente, como las capas de una cebolla. Aries está en el centro y Tauro es la siguiente capa hacia afuera. Luego viene Géminis, seguido de Cáncer y así sucesivamente, hasta la onceava capa, que es Acuario. Ahí, la piel de la cebolla es más parecida al papel, es más firme y se vuelve más marrón. Las condiciones exteriores que debe soportar esta cebolla son muy diferentes a las del centro, donde el ambiente es húmedo y todo está protegido.

¿Y qué hay en el "mundo exterior"? Sin duda, todo tipo de vida, conciencia, fantasmas e incluso diferentes deidades; solo que no hemos descubierto nada de eso todavía. El reciente descubrimiento de planetas nuevos en el espacio exterior confirma que los humanos dejarán la Tierra con el tiempo.

La energía Acuario en los humanos es la que hará contacto con seres extraterrestres. Este arquetipo de búsqueda, que se encuentra en todos los humanos, pero en especial en aquellos atraídos por la industria espacial, nos abrirá el camino. Las películas de ciencia ficción que exploran más allá del sistema solar y nos llevan a extrañas y nuevas galaxias, resultan atractivas para actores acuarianos. Está, por ejemplo, Richard Dean Anderson, quien interpreta a Jack O'Neill en *Stargate SG1*, gracias a que tiene un buen porcentaje de Acuario en su carta astral.

Si todavía dudas sobre los talentos extraterrestres de nuestros amigos Acuario, solo considera que pueden hablar por teléfono mientras escuchan el reporte meteorológico y le siguen el hilo a una charla al otro lado de la habitación. O sea que pueden captar y comprender muchos canales de audio a la vez.

Pero volvamos al aspecto cósmico y del otro mundo de Acuario. El cosmos está compuesto por muchas dimensiones, entre ellas nuestro Universo. Puede haber planos superiores de existencia, y uno o más de ellos pueden estar ocupados por el elemento Aire en una forma desconocida para nosotros hasta los momentos. Sin embargo, estamos seguros de que Acuario y Urano, planeta regente de Acuario, resuenan con la electricidad, el plasma, las fuerzas electromagnéticas y la comunicación ondulatoria. Dado que todo esto se encuentran en el cerebro, tal vez haya una mente macrouniversal con un comportamiento similar en alguna parte. Y si la hay, Acuario y Urano son nuestras conexiones con ella.

En los últimos años he desarrollado una opinión personal sobre el extraordinario potencial del Aire, y ahora veo que el lado futurista y Acuariano de este extraño elemento aún está por comprenderse. De hecho, solo se vislumbra tenuemente en el horizonte de nuestra existencia, pero es probable que la ciencia acabe por darnos una comprensión completa del Aire.

Probablemente lo entendíamos mejor en el siglo V a.C., cuando se escribió el papiro de Derveni. Este documento explica que el "Aire/Espíritu" nunca llegó a existir: existía antes que cualquier otra cosa y siempre existirá. (Consulta la página 13, "Psicología del comportamiento Masculino y Femenino", y leerás que lo mismo se decía de lo Femenino). ¿Quizás ambos existían, antes que cualquier otra cosa? Hay varios textos antiguos importantes que apoyan la teoría de una mente superior que pensó nuestra dimensión desde su plano exterior de existencia.

Es posible que el Aire se vuelva más claro a futuro, cuando Urano se mueva a través de Géminis, entre los años 2025 y 2033, y mientras Plutón esté todavía en Acuario. Y es que Acuario es el signo de la astrología, y Plutón cambia las características del signo por el que pasa. Durante este tiempo, el apoyo a las religiones occidentales podría disminuir más rápidamente que nunca, y la ciencia y la astrología podrían experimentar un periodo de avances estupendos. La inteligencia artificial crecerá en influencia y aumentarán las posibilidades de hablar con extraterrestres. Los nuevos conocimientos, la conciencia superior y las nuevas y fantásticas formas de comunicación e inteligencia artificial podrían confluir en el ya predicho amanecer de Acuario, un cambio planetario en las fuerzas de la marea de la conciencia y los ideales humanos.

Hemos llegado al símbolo de Acuario, que es controvertido. ¿Y por qué no lo sería? El más antiguo que conocemos proviene del templo de Dendera, en Egipto. A menudo se interpreta como un hombre vertiendo agua, incluso es llamado "el aguador". Con el tiempo, esto se ha convertido en varias cosas, una de ellas es la imagen de un hombre de rodillas equilibrando un recipiente abierto por ambos extremos sobre su hombro. Algunos dicen que esto representa nuestra capacidad humana para servir como contenedor y canal para la conciencia universal.

Pero, ¿cómo podría ser esto? Acuario no es un signo de Agua. ¿Podrían haberse confundido los astrólogos de la época? En el antiguo Egipto, la figura es en realidad la deidad egipcia andrógina Hapi, dios de la inundación anual del Nilo. Sin esta preciada inundación, los egipcios no habrían podido cultivar, alimentarse ni viajar con facilidad. Reconocían plenamente la importancia espiritual de este evento sagrado y gran parte de su actividad religiosa se dedicaba a eso. Los aspectos duales de lo Masculino y lo Femenino en esta deidad, probablemente abarcaban tanto la fertilidad como el crecimiento.

El jeroglífico del agua es una línea en zigzag, y Hapi vierte una línea igual desde cada uno de sus dos matraces. Sin embargo, el símbolo egipcio del agua ocasionalmente implica el uso de este elemento en su estado "puro", sagrado, mágico, curativo, dulce y vivificante, reservado para las ceremonias más santificadas, incluido el bautismo o la coronación del faraón. En este caso, el contenido podría describirse mejor como una "fuerza vital" sagrada y superior, ya sea acuosa o de otro tipo.

Elemento Agua

Figura 9. Signos de Agua

"De todos los elementos, el sabio debe tomar el Agua como su preceptor. El Agua es dócil, pero lo vence todo. El Agua extingue el Fuego o, al verse probablemente derrotada, escapa en forma de vapor y se reforma. El Agua lava la tierra blanda, o cuando se enfrenta a las rocas, busca una forma de evitarlas... Satura la atmósfera para que el viento (Aire) muera. El Agua cede ante los obstáculos con engañosa humildad, pues ningún poder impide que siga su curso hacia el mar. El Agua conquista al ceder; nunca ataca, pero siempre gana la última batalla". Académico chino del siglo XI.

El elemento Agua representa nuestras emociones, sensibilidades y sentimientos amorosos. También representa los recuerdos y el pasado, y el cual puede significar incluso el terror primigenio, la creación y nuestra evolución humana más temprana. Volvemos a la polaridad Femenina. El Agua atrae y retiene, cura, es instintiva —en lugar de verbal— es penetrante y se filtra, en vez de ser agresiva o combativa.

Este elemento contiene las semillas de la vida, o al menos nuestros mitos de la creación nos dicen que toda la vida procede de ella. El Agua nos conecta con la vida y la evolución. Es un medio de nuestro mundo y del reino invisible, de la materia oscura y la energía, que fluye a nuestro alrededor sin que la veamos ni la sintamos. Fluye, conecta y media a través de la existencia terrenal y espiritual.

Así como los óvulos y los espermatozoides humanos llevan el código genético, el Agua espiritual tiene una misteriosa "memoria" que transporta información sobre el pasado y sus orígenes. Con las energías Acuosas en nuestras cartas astrales, sentimos el amor y el deseo que alimentan una necesidad primitiva inconsciente y compulsiva de relacionarnos, aparearnos y reproducirnos. Las emociones implicadas en la elección de la pareja sexual y las relaciones y los vínculos paterno-filiales, se mantienen en este misterioso elemento. Por si fuera poco, el Agua es portadora del karma familiar en la línea matriarcal.

Para explicarlo mejor, el sexo femenino desempeña un rol misterioso dentro de este elemento. Es un papel de selección de la vida transmitido genéticamente. Un proceso de selección sexual inconsciente que posee inteligencia y memoria, y que se desarrolla a través de las generaciones de la línea matriarcal.

Se pensaba que una vez que ocurría la fertilización, cada sexo contribuía genéticamente por igual a la descendencia, pero la ciencia empieza a decir lo contrario. Hay investigaciones que sugieren que las hembras de todas las especies, a través de su comportamiento durante la gestación, tienen mucho más "control" sobre rasgos clave, como el tamaño corporal, la capacidad cognitiva y la personalidad. Estos rasgos podrían moldearse por la herencia epigenética, y el ADN de la madre podría proteger su propio proceso epigenético mientras bloquea al del padre.

De esta manera, en astrología, las características y memorias del alma/Agua del linaje se reproducen a través de las generaciones. Lo más sorprendente es la forma en que las experiencias reales se repiten. Un informe señala que, si los abuelos de un niño experimentaron hambruna, esto influirá en la respuesta del niño ante el hambre.

Entonces, tal vez en cada generación nazca un hijo de padres solteros, o el abuso sexual y la violencia doméstica podrían resurgir. Y si estos problemas no se abordan, se van acumulando en la línea matriarcal de la familia hasta que nace un niño en particular, el cual lleva acumulado tanto karma o material familiar epigenético, que su vida tiene que enfrentar el mito familiar o los secretos guardados para evitar que vuelvan a ocurrir. ¿Es así como el Lago cósmico del alma aprende y crece?

La herencia epigenética invisible se revela en la carta astral a través de las condiciones que rodean a los signos, los planetas y, especialmente, las casas de Agua.

Por si fuera poco, este elemento también nos conecta fuertemente con nuestras propias experiencias de crianza pasadas. Puesto que el Agua se asocia con patrones de respuesta habituales inconscientes, es la parte de nosotros que más tiene que ver con las reacciones automáticas. Una vez más, el elemento espiritual del Agua almacena recuerdos del pasado, pero en este caso los asimila en respuestas automáticas para que la persona no tenga que volver a pensar en ellos. De tal forma, no hay necesidad de hacer un esfuerzo consciente para formular una respuesta, simplemente surge de forma natural a partir de estos recuerdos. Por ejemplo, "recordamos" haber amado, besado y abrazado desde bebés o durante la infancia, y lo hacemos de forma automática. No tenemos que pensar cómo besar y abrazar, es algo instintivo que simplemente sucede cuando sentimos las emociones correctas.

El Agua procesa los sentimientos emocionales. Los humanos tenemos un sistema químico que nos hace sentir, por lo que incluso aquellos sin este elemento en su carta astral experimentan emociones. Sin embargo, cuando el Agua está ausente, las emociones operan fuera de control y generan incomodidad, resultando independientes, poderosas y primarias, hasta el punto de abrumar por completo al individuo.

Dolor, amor, sanación y compasión fluyen a través del gua, sin el cual seríamos seres robóticos. Las personas con este elemento tienden a atraer el dolor; inconscientemente abren sus brazos y acogen las heridas y sufrimiento de los demás. Este proceso tiene efectos secundarios. Las personas de Agua no pueden evitarlo, sienten el dolor ajeno y son extremadamente sensibles al ambiente, el cual leen con sus "barómetros emocionales". Su información proviene del "sentir", no del "pensar". Absorben las emociones y sentimientos detrás de las palabras, más que las palabras mismas. Por eso les cuesta verbalizar cuando se les exige una explicación hablada. Sus gustos y disgustos, basados en sentimientos inexplicables pueden ser molestos para parejas que no compartan este elemento.

Debido a que no controlan el mecanismo que atrae el dolor y la necesidad hacia ellos, y debido a su involuntaria empatía, las personas de Agua ofrecen ayuda y consuelo a quien lo necesite. Esto puede meterlos en problemas, ya que luce como deslealtad. Si el novio de tu mejor amiga busca refugio porque ella lo echó, ¡ofrecerle tu habitación libre no es una buena idea!

Y puesto que las emociones los abruman, es difícil para ellos distanciarse y tener cierta perspectiva. No pueden ir a un albergue animal por temor a querer adoptar a todas las mascotas. Y si lo visitan, terminan con seis gatos en casa.

Esta energía Femenina capta el extremo ultrasensible del espectro, donde los individuos son utilizados y abusados. Ciertamente, Cáncer y Piscis pueden ser demasiado sumisos, dependientes y pasivos. El signo de Tierra, Capricornio, también puede caer en esto, pero porque quiere endurecerse tomando el camino difícil, lo cual significa una motivación diferente.

Continuando con la psicología del Agua, observemos que ella (y por "Agua" también incluyo las emociones) es algo que se adhiere. Fíjate como la condensación del exterior de un vaso baja y se pega al fondo; esa es su naturaleza cohesiva. Las propiedades de cualesquiera de los elementos en nuestro plano físico terrenal, siempre deben examinarse para obtener información psicológica sobre los planos espirituales.

Ya lo dije anteriormente: el dolor atrae al Agua, pero la relación es simbiótica y hay una conexión **mutua** y estrecha. Además, el duelo, el dolor y el amor se encuentran en la progresión psicológica de este elemento. Vale la pena repetir las palabras de la difunta reina Isabel II: "El dolor es el precio que pagamos por el amor". El duelo y el dolor están en un extremo de la progresión, mientras que el amor está en el otro. El Agua tiene la amplia gama de "sentir".

Por lo tanto, el Agua baña y sana, y probablemente los sistemas antiguos de sanación, como el Reiki, utilizan el Agua espiritual del reino cuántico invisible. Este elemento misterioso, que trasciende el tiempo y las dimensiones, tiene inteligencia emocional, pero no poder de razonamiento. Esto es más obvio en el juego de las relaciones, donde las emociones están presentes. Veamos el siguiente escenario.

Una pareja, compuesta de Aire y Agua, está en una fiesta. Aire socializa, se relaciona y conversa, mientras que Agua se encuentra junto a la puerta, un poco perdida y desconectada. Finalmente, Aire se acerca y quiere saber cuál es el problema. Como hemos señalado, Agua es no verbal y se sentirá irremediablemente incapaz de explicar sus sentimientos. Al no obtener respuesta, Aire pierde la paciencia y con la mandíbula apretada comienza a exigir un "mejor comportamiento". Agua, sintiéndose miserable, le dice: "¡No me entiendes! Eres tan frío". Aire responde: "¡No me dices nada y esperas que te entienda! No eres lógica". La forma en que experimentan y reaccionan al entorno es completamente diferente, al igual que sus formas de expresarse. Sin embargo, recordemos que nadie nace solo con Aire o solo con Agua en su carta astral; es el "peso" de uno sobre el otro lo que modifica este posible escenario. Este ejemplo se da para ayudarnos a comprender sus diferencias como elementos "opuestos".

Ahora veamos algunos de los problemas que pueden surgir en las relaciones con personas de Agua.

Pueden ser excesivamente cariñosas o complacientes en una relación, lo que puede hacer que el receptor se sienta incómodo ante la culpa de no poder corresponder. O puede suceder que el receptor se vuelva cada vez más abusivo y eventualmente demasiado dominante para una relación sana y significativa. Sin embargo, si las personas de Agua pueden encontrar individuos necesitados a quienes apoyar, pueden ganar el control haciendo que la otra persona se sienta en deuda. A este elemento le encanta sentirse necesitada y odia sentirse rechazada, por lo que esto les funciona.

Y a propósito de ello, las personas de Agua tienen un miedo general a la soledad y a la falta de conexión. Necesitan contacto constante con la gente y un flujo continuo de Agua/emoción a su alrededor. El amor y las relaciones les dan seguridad. Las mareas de emociones no les molestan; de hecho, las lágrimas están hechas de agua, por lo que este es su entorno natural.

Los signos de Agua generalmente tienen pocas defensas. No poseen el sarcasmo de Aire ni el temperamento instantáneo de Fuego. Lo que tienden a hacer es manipular la atmósfera con estados de ánimo o suelen jugar la carta del chantaje emocional.

Fuego y Agua tienen una buena relación de trabajo, ya que ambos resuenan con la energía oscura del reino cuántico, donde también existen como polaridades Masculina y Femenina. Agua puede absorber gran parte del calor excesivo de Fuego, mientras que Fuego puede calentar el Agua y ponerla en movimiento. En los humanos, el Agua puede moderar las acciones insensibles y despectivas del Fuego, mientras que este puede traer alegría y optimismo al pesimismo malhumorado del Agua.

Si el Fuego espiritual es atención, fe y creencia, entonces podemos decir que estos atributos calientan y motivan al Agua del Gran Lago Cuántico del Alma. Sin este calor, sería el equivalente al hielo.

Veamos una breve comparación del amor en los tres signos de Agua:

Cáncer rige las emociones más personales y tempranas, las emociones familiares y la maternidad, y representa el amor incondicional de un padre —especialmente de una madre— por un hijo. Se trata, pues, del amor personal.

Escorpio rige las emociones y los intercambios entre dos personas en una relación romántica. Con una experiencia profunda y duradera, esto puede alcanzar el amor incondicional, pero este signo no llega allí tan fácilmente. El potencial de traición, dolor y pérdida convierte este territorio en algo traicionero y desconcertante. Este es el amor interpersonal.

Piscis gobierna el amor incondicional que supuestamente existe en las áreas de la consciencia más allá de lo personal. Este amor se encuentra dentro de las dimensiones espirituales de la naturaleza, el universo y el cosmos, y es lo que la astrología llama amor transpersonal.

~ CÁNCER ~

Signo zodiacal de Agua

Glifo ♋

Cuarto signo del cinturón zodiacal
Signo más bajo de Agua
"Yo nutro"
Regido por la Luna
Su símbolo es el cangrejo

Este capítulo no habla sobre Cáncer como signo solar, sino que se refiere a la energía Cáncer que hasta cierto punto existe en todos nosotros. Las personas Cáncer o los tipo Cáncer que se analizan aquí, simplemente tienen más de esta energía que la mayoría.

Si observamos el cinturón zodiacal de principio a fin, desde el primer signo hasta el último notaremos un desarrollo que se asemeja a una metáfora de la vida humana. Comenzamos con la energía de Aries, rebosante de alegría por existir. Luego pasamos a Tauro, donde nos damos cuenta de que tenemos un cuerpo. Seguimos con Géminis, donde percibimos y regulamos las cosas, organizamos pensamientos y almacenamos información. Y finalmente llegamos al signo de Agua, Cáncer, donde, según los libros de astrología obtenemos nuestra primera experiencia de amor. Proveniente, por supuesto, de nuestros padres, hermanos o cuidadores principales.

¿Y por qué el Agua llega tan tarde? ¿Acaso no experimentamos el amor de nuestros padres desde que somos recién nacidos? ¿No debería este signo emocional aparecer después de Aries?

No. Si bien recibimos amor desde el principio, no lo devolvemos ni manipulamos. Nos encontramos en un estado instintivo y de evolución, con solo reflejos simples y primitivos. La mente aún no controla al cuerpo ni sus movimientos. En los meses siguientes comenzamos a desarrollar y organizar nuestros bancos de conocimiento, memorias y esquemas, nuestras habilidades de tipo Géminis. Solo entonces podemos reconocer y organizar las experiencias sensoriales, las emociones y los sentimientos.

Y así es como llegamos a Cáncer, el primer signo de Agua. Se esperaría que fuera una energía bastante simple de comprender porque, por lo general, los signos medios y superiores son los que se vuelven más complejos. Pero el Agua rompe este molde. Echemos un vistazo a algunos elementos más desconcertantes para después, en un contexto general, descifrar el significado de todas estas piezas del rompecabezas.

Según la Lotería Nacional del Reino Unido, Cáncer es el signo más común entre sus grandes ganadores. Y los Cancerianos están empatados en el tercer puesto de la lista de signos solares más comunes entre los multimillonarios más ricos del mundo.

¿Cómo? ¿Un tímido signo de Agua gana loterías y hace multimillonarios? ¿No sería Fuego el que tendría que atraer ese tipo de atención y suerte? Parece que las cosas no encajan.

Una explicación es que Cáncer es un signo de Agua con un matiz "cardinal", y estos dos elementos juntos lo hacen más poderoso que el típico signo más bajo de un elemento. Pero antes de comprender lo que representa Cáncer, debemos entender qué significa "cardinal".

El estado cardinal se otorga a los cuatro signos del zodiaco que son los guardianes de los cuatro puntos cruciales en el viaje del Sol: los dos solsticios y los dos equinoccios, cada uno de los cuales anuncia un cambio de estación.

Normalmente, el estado cardinal es fácil de reconocer porque, al igual que la polaridad Masculina, no permanece oculto. Los signos cardinales tienen una capa de cardinalidad Masculina que los hace decididos, tenaces y los impulsa a instigar e iniciar, asumiendo roles de liderazgo obvios. Pero el elemento Agua de Cáncer, que normalmente vuelve a los signos tranquilos y reservados, distorsiona las apariencias.

Esta es tu primera lección sobre la "superposición" de una cualidad astrológica sobre otra, y es una habilidad esencial en la astrología psicológica. Los seres humanos suelen ser complejos y difíciles de entender. Usando solo el ejemplo anterior, podríamos estar completamente desconcertados de que un hombre tan reservado pudiera estar tan decidido a frustrar toda competencia y construir despiadadamente un imperio de miles de millones de dólares. Pero con la astrología, podemos profundizar en su carácter y descubrir los secretos de su éxito.

Entonces, con este simple ejemplo de un multimillonario con Sol en Cáncer, tenemos dos energías a considerar: las fuertes cualidades de liderazgo de la poderosa influencia cardinal y la intuición y las habilidades psíquicas del Agua. Nuestro multimillonario tiene una habilidad silenciosa para leer instintivamente a las personas o las situaciones y ubicarse en la mejor posición posible. El secreto y la intuición psíquica del Agua, mezclados con el inmenso poder e impulso cardinal, parecen dar resultados.

Es un hecho que he simplificado para facilitar la "lectura" y es posible que haya otros factores involucrados, pero por el momento este ejemplo servirá. En cuanto a lo de ganar la lotería, puedes resolverlo por tu cuenta. ¡Tal pareciera que las habilidades psíquicas de Agua están dando sus frutos!

Ahora profundicemos en la sabiduría convencional sobre Cáncer. Se dice que son "manipuladores", pero esa palabra implica maquinaciones o engaños, lo cual no creo acertado. En realidad, prefieren las tácticas sutiles a la franqueza. Y al igual que un cangrejo, la energía de Cáncer se mueve de lado, en lugar de ir directamente hacia algo. Esto tiene el curioso resultado de confundir a los demás. Las personas Cáncer parecen ir tras otra cosa, e incluso pueden fingir interés en ella, creando una distracción. Es entonces cuando lanzan su gran pinza para agarrar el objetivo real.

En consecuencia, y a pesar de su aparente suavidad, de repente harán algo inesperado. Pueden salirse de un plan o incluso romper una promesa. Y, por supuesto, no darán explicaciones. Este es un signo de Agua no verbal, por lo que su mejor método de defensa es no contestar el teléfono.

La empatía de Cáncer los convierte en buenos oyentes y cuidadores. Están naturalmente en sintonía con el dolor, los problemas y las emociones de los demás; y estas almas se sienten atraídas por la evidente empatía de este signo. El radar de Cáncer explora, busca y escucha a los demás con profundo interés, porque sus historias, dolor y desesperanza son fascinantes para sus sesgos emocionales, además de que aman el intercambio profundamente enriquecedor.

Tal vez, y sorprendentemente a menudo, sean cultos y conocedores. Tienen un amplio interés en la mayoría de las cosas y una inteligencia curiosa. Siéntalos junto a un mecánico de garaje, un secretario judicial, un entusiasta de la jardinería o un comerciante de vinos, y tendrán algo que discutir con todos ellos. Tal es la amplitud de su conocimiento e interés en los demás.

Pero muy a pesar de esto, los Cáncer son reservados y es poco probable que revelen sus propias vulnerabilidades y debilidades. Su dolor es demasiado profundo y penoso para ser revelado. Son extremadamente vulnerables al rechazo, la humillación y las opiniones de los demás, por lo que lo esconden todo y aparentan frialdad y compostura frente a la gente.

Parece que esta energía sentimental es la guardiana de los recuerdos familiares, ya sea mediante películas o álbumes de fotos. El pasado, las raíces, el hogar, la maternidad y la idea de la "madre" son importantes. Se dice que los cangrejos se aferran, y lo mismo ocurre con la energía de Cáncer; se aferran al hogar, a la seguridad, a las personas y a la familia.

Es raro que un padre con una fuerte energía Cáncer rompa un hogar o una familia, sin importarle nada. Podrán sentirse la persona más infeliz del mundo, podrían no ser amados ni amar, pero les resulta casi imposible dejar el hogar familiar. Emocionalmente, seguirán allí mucho después de que su pareja se haya ido, rehecho su vida, se haya vuelto a casar y la casa haya sido vendida. Y es que hay una fuerte creencia en el corazón de Cáncer de que su pareja regresará y podrán volver a ser una familia.

No es raro que vivan en el pasado, repasando viejos amores o errores personales. Sin embargo, no quieren hablar de nada de esto. El dolor, los secretos y las desilusiones, en general, siempre permanecen bien escondidos. Y lo más importante, su apellido se protege y a todos se les habla bien de él. Los más oscuros secretos familiares se guardan en el armario y los problemas nunca se discuten, ni siquiera con la familia.

No hace falta decir que son buenos con los niños y se esmeran por protegerlos. La adopción o el cuidado de acogida es fácil para ellos, y esto se recompensa con intensos sentimientos de amor por los huérfanos a su cuidado. Los Cáncer buscarán y encontrarán niños rotos, discapacitados y no deseados, así como mascotas y cualquier otra cosa que puedan cuidar.

Dato lunar

En astrología, a la Luna se le llama "planeta", y se escribe con mayúsculas porque "Luna" es su nombre.

Veamos otra característica única del mundo de Cáncer. Cada signo tiene un regente planetario, y para Cáncer es la Luna, que es especial y diferente. En primer lugar, gira alrededor de la Tierra, no del Sol, lo que la sitúa aparte. Y desde nuestra perspectiva en la Tierra, recorre todo el cinturón zodiacal en unos 28 días, mientras que los planetas más rápidos tardan aproximadamente un año.

Cáncer tiene un regente planetario que experimenta todos los signos del zodiaco y todos los planetas en un mes. Se trata de una gran experiencia, vital y simbólica, que les proporciona un amplio abanico de conocimientos e intereses.

Dato lunar

En la escultura zodiacal egipcia del Templo de Dendera, el símbolo de Cáncer es un cangrejo, pero está tallado como un disco lunar redondo con cinco patas a cada lado (el número correcto de ellas). Los cangrejos, en realidad, prefieren moverse de lado para que las patas no se enreden entre ellas, por lo que la forma y el movimiento del cangrejo de Dendera recuerdan a la Luna, que parece desplazarse a la izquierda con cada aparición diaria consecutiva. Esto fascinó a los antiguos egipcios, conocidos por su adoración al Sol, pero no tanto por su adoración a la Luna. En este sentido, podemos establecer una comparación acertada entre la Luna, la energía de Cáncer y la naturaleza de las personas bajo este signo.

Recordarás, de tus días de estudiante, que la gravedad de la Luna eleva el nivel de los océanos terrestres que se encuentran bajo el mar, atrayendo el agua hacia sí misma. En otras palabras, las mareas de la Tierra son causadas por la gravedad de la Luna. La naturaleza de Cáncer también puede ser "mareal", en el sentido de que fluye y refluye con corrientes fuertes y remolinos más débiles. Se mueve hacia adentro y hacia afuera, según el empuje o la atracción gravitacional de la Luna.

La importancia de la Luna para las culturas que vivieron alrededor del Mediterráneo oriental no se comprende hoy en Occidente, pero durante siglos y milenios, los cultos lunares y los cultos solares lucharon por probar el dominio del Sol o la Luna. Un paseo por el Museo Británico te dará una buena idea de lo importante que era la Luna, tan solo por la gran cantidad de estatuillas de toros. También hay estatuas de leones y caballos que representan al Sol, pero no tantas.

Al observar toda esta evidencia, parece que hace 2000 años la Luna tenía el mismo estatus que el Sol. Y, por asociación, Cáncer también debió ser importante. ¿Por qué lo hemos olvidado?

Sencillamente porque hemos devaluado lo Femenino. Durante siglos, las sociedades y culturas han favorecido las energías Masculinas. Se valora la ciencia y el mundo académico, mientras que las habilidades psíquicas y metafísicas son despreciadas. ¡Y ni hablar de cómo se sienten los hombres, en particular, con respecto a la astrología! Los dones acuosos de Cáncer son puros y no están adulterados, pues este es el signo de Agua más sensible de todos. Su capacidad para "leer" a las personas, los animales y las situaciones es asombrosa, pero esta habilidad generalmente está bien oculta o completamente enterrada, incluso para **ellos** mismos. De niños, a los Cáncer les enseñaron que los dones intuitivos son tonterías, por lo que son despreciados y hasta espantados por las opiniones de sus compañeros y adultos. Entonces, su alma esconde su nerviosismo, sus sentimientos tiernos y afectuosos, así como las lágrimas fáciles y el miedo real a ser pisoteados, y con este entierro desaparece la intuición, la conciencia psíquica y la perspicacia. Hoy, la energía de Cáncer, disponible para nuestro ser consciente, apenas es la punta del iceberg de este signo. Trabajamos con muy poco; el resto está oculto, guardado, atado y enterrado bajo el agua, donde nuestro pequeño cangrejo vive bastante feliz. El problema pertenece a la persona a la que le faltan partes importantes de su carta astral, y aprender sobre esto constituye el primer paso para recuperarlas.

~ ESCORPIO ~
Signo zodiacal de Agua

Glifo ♏

Octavo signo del cinturón zodiacal
Signo medio de Agua
"Yo deseo"
Regido por Plutón
Su símbolo es el escorpión

Este capítulo no habla sobre Escorpio como signo solar, sino que se refiere a la energía Escorpio que hasta cierto punto existe en todos nosotros. Las personas Escorpio o los tipo Escorpio que se analizan aquí, simplemente tienen más de esta energía que la mayoría.

Esta energía es reservada, pero también posesiva, lo que significa una doble actuación bastante difícil. Cuando eres posesivo muestras tu mano y terminas revelando tus secretos, pero Escorpio puede ser casi cualquier cosa que quiera ser.

Los Escorpio son muy reservados y profundamente sensibles. Pueden ser conscientes o instintivamente psíquicos sobre cosas que nadie más ve, pero prefieren guardárselo todo para ellos mismos. Poseen un sistema de radar interno que no pasa nada por alto.

Su cualidad magnética y discretamente encantadora da lugar a rumores de misticismo y al temor silencioso que asociamos con Escorpio. Todo se suma a la curiosidad y el miedo que rodean a este carismático y fascinante signo.

Sería útil recordar un mito del Génesis, en el Antiguo Testamento, relacionado con esta versión de la creación. La serpiente alada y astuta del Jardín del Edén era "sutil", y "sedujo" a Eva para que comiera el fruto del árbol prohibido. Esta metáfora, llamada pecado original, obviamente condujo a la tentación de Adán y a su expulsión del Cielo (Edén). Este mito bíblico es muy Escorpio por naturaleza. Transformó las vidas de Adán y Eva haciéndolos pasar de seres inmortales, eternos y celestiales, a tener vidas terrenales con un futuro de reproducción sexual y muerte física, una historia verdaderamente Escorpiana.

No andaré con rodeos: en los Escorpio rige el sexo, la violencia, la violación, el incesto, el apareamiento, los procesos reproductivos e intestinales. Se asocia con el nacimiento y la muerte. Alberga tanto lo incorrecto como lo correcto, pero lo incorrecto puede ser terriblemente incorrecto. La energía de Escorpio es inquebrantable mientras navega por acciones desgarradoras y depravadas. Si una persona puede imaginarlo, uno de los signos lo alberga. Y si no es un tema apropiado para discutir mientras tomas el té de la tarde, eso significa que está dentro de la energía de Escorpio.

Cuando se expresa positivamente, este signo tiene un gran poder para sanarse a sí mismo y a los demás. La energía **en sí** tiene un conocimiento profundo y un dominio de la sombra colectiva o el inframundo. Recuerda: no estoy hablando del signo solar, solo se trata de una descripción de la energía de Escorpio. Entonces, si una persona nace con planetas en Escorpio en su carta astral, puede —si lo desea— acceder al profundo conocimiento de estos otros planos de existencia.

Escorpio representa la fuerza evolutiva de la naturaleza que la impulsa a evolucionar, crecer, buscar mejorar y ganar poder sobre el entorno. Y, aunque pensamos en lo primitivo, esta energía también representa nuestras respuestas emocionales más profundas e impulsos de naturaleza animal, aquellos promovidos por reflejos primarios.

En el pasado, esta energía se asociaba con sanaciones milagrosas y hazañas mágicas. También se le asocia con la transformación, o muerte y resurrección, hacia una conciencia superior, porque junto con los demás signos de Agua contiene "códigos de vida". Pero Escorpio lleva esto más allá, mucho más allá, a lugares adonde a la mayoría de la gente le da vergüenza ir.

Se asocia con la transformación que ocurre a nivel del alma cuando nos conectamos sexualmente con otra persona en la intimidad, y no solo por el potencial siempre presente del embarazo, que por supuesto es la mayor transformación de todas. Esta energía sugiere que las relaciones sexuales cambian algo dentro del individuo, aunque no se reconozca.

Sin embargo, la separación de la religión del mundo pagano y natural durante los últimos 2000 años ha hecho que el sexo se convierta en un tópico sucio, humillante y tema tabú. Como resultado, hemos perdido por completo el contacto con la verdad espiritual más sagrada de todos los tiempos. Ocasionalmente, esto se menciona en la cultura. Recuerdo un verso de una canción de Kate Bush de finales de la década de 1970. En español decía algo como: "El sexo es la raíz de nuestras encarnaciones". Y alrededor del 900 d.C., el tantra enseñaba a los hindúes que "El deseo es la raíz del universo".

En el corazón de Escorpio se encuentra el conocimiento de que la intimidad del coito, experimentado entre dos personas que consienten el acto, puede ser la puerta de acceso a una experiencia espiritual de cualidades extáticas de otra dimensión. Esto disuelve las barreras hacia la verdadera iluminación espiritual y permite el reconocimiento de la verdad cósmica suprema y última: todo en nuestra dimensión está constituido en torno a unir las dos mitades. El mundo de dos, de Libra, se vuelve uno otra vez.

Esto suena bastante simple, aunque requiere algo de reflexión. Espiritualmente, las dos mitades pueden ser el el yin y el yang, o Masculino y Femenino. En términos científicos, podría ser la materia y su opuesto eléctrico, la antimateria. Unir los dos da como resultado un gran estallido galáctico y la liberación de grandes cantidades de energía, algo muy parecido al tipo de sexo que disfruta Escorpio.

Hay muchas formas diferentes de ver esta unión de las dos mitades, pero solo una de ellas se encuentra en la estructura de la astrología (en la página 12), la cual no solo muestra la división de estos dos componentes en los paquetes más pequeños de los signos del zodiaco, sino que también muestra el camino de **regreso a la unidad**, la fusión en la unidad una vez más, donde todo se mezcla en una intensidad extática sublime y en la euforia de la completitud.

El buscador occidental de la comunión con el espíritu divino, o con una experiencia espiritual cumbre, debe saber que el sexo es lo que el hinduismo y otras culturas encontraron en siglos y milenios pasados, y este conocimiento ha formado la base de todas las enseñanzas religiosas y espirituales desde entonces, aunque ninguna religión que se respete lo consideraría jamás.

Este conocimiento sagrado era donde los humanos podían experimentar la sublime unión de los dos opuestos polares, el yin/Femenino y el yang/Masculino, dentro de la perfección espiritual que existe en el corazón del cosmos invisible. Es el mismo estado que la singularidad primordial antes del *big bang*. El único lugar donde los humanos pueden experimentar una unidad intensa. En términos mitológicos, es la fusión sagrada del cielo y la tierra cuando Urano se une a Gaia. (No estoy haciendo a un lado ninguna preferencia sexual; en las parejas del mismo sexo siempre hay un personaje yin y un yang. Gaia puede ser fácilmente un género Masculino y Urano un género Femenino).

Estas ideas no son nuevas. El indólogo e historiador Alain Daniélou escribió sobre ellas tras una amplia investigación sobre la cosmología hindú, que curiosamente incluye la astrología. Para Daniélou, el mundo se basa en dos polos opuestos, semejantes al principio creador Masculino y al proceso Femenino. La unión de ambos, o de cualquier otra dualidad, crea un estado de dicha pacificada y una experiencia de lo que se considera absoluto.

Ahora quiero centrarme en la palabra "intensidad". Escorpio es intenso y también extremo, ardiente, feroz, enérgico y apasionado. Por ello, quiero hacer una comparación entre la intensidad de la naturaleza emocional de las personas Escorpio y la de un orgasmo. Ya era hora de que alguien señalara que estas dos intensidades son comparables, solo así podremos entender mejor la energía de este signo.

Supongo que no es de sorprender que cuando se trata de relaciones, las personas Escorpio generalmente necesiten profundizar en el otro individuo. Si alguien les gusta, no pueden evitar acercarse cada vez más, con un contacto visual profundo y penetrante y una atención punzante. Como podrás imaginar, esto tiende a funcionar bien con los amantes potenciales, y los Escorpio a menudo no tienen problemas para encontrar parejas románticas.

No obstante, la confianza es un gran problema. Para empezar, cada palabra y acción de un posible amante la analizan con el único propósito de descubrir lo que está oculto, a fin de asegurarse de que esta persona sea lo que parece. Hay buenas razones para ello: la persona Escorpio sabe lo vulnerable que puede ser cuando se trata de sus emociones, que son muy intensas y exigentes para todos los involucrados. Aunque, eventualmente, se volverán muy comprometidos y profundamente apegados a su amante y florecerán sentimientos de amor, lealtad y devoción. Éstos se generan durante la actividad sexual, que los involucra de una manera profunda, aunque nunca hablen de ello.

La falta de confianza al principio se debe a que son tan hipersensibles a la traición, que no pueden volver a confiar si se sienten decepcionados. Pueden ser posesivos con sus seres queridos y propensos a los celos, lo que se debe enteramente a la intensidad que sienten. No toleran el coqueteo y no perdonan las indiscreciones. Si sospechan algún tipo de deslealtad, terminan la relación y ésta nunca se podrá recuperar. El final es definitivo.

Sin embargo, a veces se ven obligados a permanecer en la relación por otras razones de peso; entonces se vuelven fríos y calculadores, al grado de retirarse de su habitación y dormir solos por el resto de sus vidas, de ser necesario. Cualquier viso de amor, afecto o deseo desaparecerá más rápido que una bola de nieve en el fuego, sin posibilidad de que las cosas vuelvan a ser como eran antes. Y no hay un lugar más solitario que la atmósfera helada alrededor de un Escorpión que ha descubierto la traición.

Me temo que lo anterior incluye las relaciones con amigos platónicos; ellos también deben ser leales por encima de todo. A los Escorpio no les gusta ser objeto de chismes, por lo que sus amigos deben tener cuidado de no revelar sus secretos.

Si el sexo con la pareja actual se vuelve imposible debido a la traición, los hombres Escorpio, en particular, pueden volverse infieles. Necesitan sexo profundo y transformador para sobrevivir y sentirse vivos, por lo que, si no está disponible en su relación, lo buscarán inconsciente e instintivamente donde puedan obtenerlo. Esto puede acarrear la crisis de un triángulo amoroso, pero es la alternativa preferible entre sus dos opciones: sexo con una pareja que los ha traicionado o nada de sexo en lo absoluto.

Los Escorpio tienen necesidades de control basadas en los miedos que expusimos anteriormente. Sin embargo, no pueden controlar lo que ellos **sienten**, solo lo que ven los demás. Eso sí lo controlan. También quieren controlar cuándo y dónde ocurre la intimidad inicial, y puede que no les guste que la potencial pareja tome la iniciativa.

Todo este control puede hacerlos parecer malhumorados, pero ellos no se perciben así, sino más bien como reflexivos. A menudo son serios y carecen de humor. Si recuerdas, el Agua es buena para manipular deliberadamente la atmósfera, pero esto también puede suceder sin ninguna intención. De alguna manera, y sin que ellos lo sepan, una atmósfera pesada e incómoda puede filtrarse en la casa, haciendo que todos los demás quieran dar portazos y romper platos. Es posible que los Escorpio no hagan escenas emocionales ellos mismos, pero logran generar ese tipo de respuestas en los demás.

Esta es ciertamente una energía que debemos tomar en cuenta. En el lado oscuro de Escorpio acecha un Voldemort, cuya liberación puede ser habilitada por una energía de Fuego que inflame el ego. Tal combinación puede volverse abusiva, maléfica o destructiva, por lo que es mejor evitar este tipo de personaje.

Cuando se trata de elegir carrera, hay unas cuantas que destacan. Algunas son obvias, como cavar en las profundidades de la tierra para encontrar cosas: ingeniería civil, minería e investigación forense de delitos. Por otro lado, ¿te imaginas a James Bond siendo Escorpio? Es seguro que el engaño y el secretismo serían de su agrado. Sospecho que hay bastantes cirujanos con rasgos tipo Escorpio que "profundizan" con el bisturí. Y luego están la psicología y la psiquiatría, que exploran la mente sin bisturí. Una vez tuve el placer de conocer al director de un refugio de emergencia para víctimas de violación y violencia doméstica que tenía tres planetas en Escorpio. Y, por supuesto, están las funerarias y los crematorios, que resuenan con Escorpio por el tema de la muerte y la transición.

No he hablado mucho sobre el signo opuesto de Tauro, por lo que realmente necesitamos cubrir las palabras clave de esta oposición para comenzar a entenderla. Según la astrología tradicional, el dinero es un tema para ambos signos. Para Tauro, porque es un signo de Tierra y protector de su seguridad financiera, pero la motivación de Escorpio es un poco más turbia. El dinero es una recompensa y se le ve como el resultado del éxito y los logros, pero también es algo que evoca todo tipo de traiciones y engaños. Puede entusiasmar, causar celos y guerras familiares, además de dar pie a divorcios espectacularmente sangrientos. Es justo el tipo de nido de víboras, emocionales y enredadas, que atrae la energía de Escorpio, de una manera u otra.

Podemos encontramos a aquellos con la mitad del cielo en Escorpio trabajando como abogados de divorcios, consultores financieros (especializados en ocultar dinero) o, curiosamente, como banqueros, manejando el dinero de otras personas. Supongo que la meticulosidad y la dedicación sin concesiones son una buena opción para un banco, pero encontraremos más pistas cuando analicemos las casas zodiacales.

Todos los asuntos cuánticos, nucleares y subatómicos están regidos por Plutón y, por asociación por Escorpio, incluidos algunos temas innombrables, como la ingeniería genética y la eugenesia. Este es el vientre de la naturaleza y la red tridimensional invisible que sustenta la vida misma (ver página 47).

Escorpio puede invocar el poder de la serpiente para curar, y ciertamente posee los dones sanadores del Agua. Sin embargo, hay una diferencia entre la sanación de Escorpio y la de Cáncer y Piscis, que es incondicional. En el caso de Escorpio, es limitada en el tiempo y condicionada. Esto tiene que ver con la naturaleza más dura de este signo y su actitud inquebrantable hacia la muerte. Como signo de Agua, Escorpio ofrecerá simpatía y comprensión durante un tiempo, pero se espera que los heridos participen en su propia recuperación sin andar con rodeos. Escorpio ayudará con el cambio y la transformación que probablemente sean necesarios, pero no esperará mientras la víctima vuelve a la adicción, ya sea un novio abusivo, el alcohol, el azúcar, el tabaco, las drogas o lo que sea.

~ PISCIS ~
Signo zodiacal de Agua

Glyph ♓

Doceavo y último signo del cinturón zodiacal
Signo más alto de Agua
"Yo anhelo"
Regido por Neptuno
Su símbolo son dos peces

Este capítulo no habla sobre Piscis como signo solar, sino que se refiere a la energía Piscis que hasta cierto punto existe en todos nosotros. Las personas Piscis o los tipo Piscis que se analizan aquí, simplemente tienen más de esta energía que la mayoría.

Piscis es una energía escurridiza y gentil, difícil de captar y aún más difícil de describir, ya que puede ser casi cualquier cosa que desees. Piscis se transformará ante tus ojos en lo que necesites y anheles. Su comportamiento amable y tierno puede derretir los corazones más duros, y pronto te convencerá de que tus sueños pueden hacerse realidad.

A continuación, enlisto una serie de palabras extraídas de un diccionario. Todas son importantes, así que no te límites a hojearlas superficialmente; léelas y piensa en cada una, así habrás recorrido medio camino para conocer esta energía. Este libro trata sobre la forma más fácil de aprender astrología, y esta es la manera más sencilla de aprender sobre Piscis. La palabra "imaginario" significa: supuesto, quimérico, soñado, fantasioso, ficticio, alucinatorio, ideal, ilusorio, imaginado, fantasmal, sombrío, visionario, fantaseado, conjurado, caprichoso, inspirado, subjetivo, creativo y, por último, perspicaz. Todas y cada una de estas palabras describen la energía de Piscis.

Debido a que este signo es el último del zodiaco, literalmente está "cansado". Piscis representa la disolución de nuestra humanidad y el regreso al Gran lago del alma o a la materia "oscura" (que significa "invisible") fuera de nuestra dimensión. Implica dejar la Tierra y "volver a casa", a la memoria cósmica guardada en este gran lago o en la materia oscura. Como signo de Agua, mira hacia el pasado, como todos, pero también atiende el llamado a **disolverlo** todo. Pretende desintegrar toda experiencia, dolor y aprendizaje y convertirlos en el equivalente a un caldo primigenio.

El primer problema que encontramos con Piscis es la falta de límites. Si tu energía intenta disolver todas las estructuras, defensas y creencias para desarrollar nuevos comienzos, entonces no tienes límites y esto tiene un gran impacto en la vida.

En primer lugar, Piscis no puede decirle "no" a nadie. Tratará de cumplir con cada solicitud y súplica, sin importar en cuántos problemas se meta. Además, los Piscis siempre dirán lo que la persona frente a ellos quiere escuchar. Todo lo que le hayan prometido antes a alguien se perderá en la niebla del ayer, porque lo único que ven y escuchan aquí y ahora, es a la persona a la que deben servir. Su piel es porosa y su energía es muy sensible a las necesidades de los demás, especialmente a los que están frente a ellos, por lo que **ellos** son lo primero y olvidan a los demás.

La falta de límites en una relación sentimental puede conducir a otros problemas. La necesidad de hacer lo que su pareja quiera se apodera de su vida, al punto en que no puede encontrar su propia mente... Que, de cualquier forma, no era tan importante ya. A veces son tan conscientes de la necesidad de complacer a sus parejas, que los Piscis se inspiran en sus acciones o las copian hasta perder su propia identidad. Si la pareja es una persona fuerte de Fuego, las cosas funcionarán bien: serán dos piezas del rompecabezas que encajen perfectamente, una llena de ego y la otra sin ego. Los signos de Aire, sin embargo, pueden tener problemas de espacio.

Algunas de sus cualidades más hermosas son su capacidad de absorber toda la toxicidad, la agresión y las cosas malas, como una esponja. Su compasión es realmente infinita y completamente incondicional. Los Piscis intentan ayudar hasta en lugares donde los mismos ángeles no se atreverían a ir.

La mitología cristiana resuena con el tema Pisciano. Su Biblia nos dice que Jesús amó tanto al mundo que dio su vida por la humanidad. El Mesías también está estrechamente relacionado con la sanación, la ayuda a los pobres y necesitados, las habilidades psíquicas o proféticas, el pacifismo, la ausencia de prejuicios y la bienvenida de los marginados. Ciertamente, creo que esta asociación ayuda a entender a Piscis.

La energía de Piscis mira más allá de la mortalidad; ve hacia el cosmos, hacia la gran luz blanca, como si observara hacia su hogar. Por eso siente compasión por el mundo entero y por todos los que lo habitan. El ego humano (elemento Fuego) deja de ser importante después de Sagitario, el noveno signo del zodiaco. Los últimos tres signos (Capricornio, Acuario, Piscis) muestran intereses fuera de la individualización y un interés decreciente en sentirse personalmente importantes.

Piscis sabe con cierta certeza que el ego individual ahora debe rendirse ante el bien común; su tiempo se acabó y todo por lo que ha luchado ya no importa.

Los tipo Piscis son lo que podríamos llamar “almas muy viejas”. Tienen vagos recuerdos que realmente no encajan con la vida aquí en la Tierra. Algunos de estos recuerdos llegan tan lejos como hasta el caldo primigenio, que existía antes de nuestra dimensión, cuando todo era solo una unidad dichosa, antes de que le sucedieran cosas extrañas a las partículas cuánticas y comenzaran a formar materia primordial gracias al *big bang*. Lo siguiente en la conciencia de Piscis es esta dimensión, con sus estructuras duras y su separación.

Pero en algún lugar dentro de la energía de Piscis está el recuerdo del amor omnipresente del cosmos supremo y la perfecta pureza de la gran luz blanca.

Es por ello que Piscis anhela, suspira y desea regresar a ese reino utópico del Nirvana, al amor puro y la unidad con la fuente divina. Y la gente Piscis también siente una gran culpa por cómo resultaron las cosas. ¿Hicieron algo mal? ¡Oh, por Dios! ¿Y si pulsaron el botón equivocado o algo así? Por lo tanto, Piscis quiere enmendar, reparar, hacer el bien, arreglar las cosas y llevarnos de regreso a ese lugar de amorosa unidad.

Tal vez algunos Piscis no lleguen a identificar males cósmicos y primordiales, por lo que pueden personalizar el mismo sentimiento en el anhelo por un amante decepcionado, ahora inalcanzable; o el deseo por un equipo de fútbol exitoso, ya que aquel al que siempre apoyan nunca gana. Quizás el anhelo sea atinarle a la lotería, o simplemente hacerse de otra botella de whisky, para beber hasta el dichoso olvido.

El alcohol y las drogas son una vía de escape muy común para ellos, ya que a muchos no les gusta vivir en el mundo real. Si tan solo pudieran volver atrás...

Sus vidas pueden ser bastante caóticas, ya que se ven zarandeados dentro de un mar de dilemas y problemas. Pero los Piscis tienen una compasión y devoción ilimitadas y las comparten con todos los que las necesitan. Nunca dejan de creer en las personas y en los ideales, a pesar de las decepciones habituales y de tener toda la evidencia en su contra. Presta atención cuando te digan "no importa", eso significa que, realmente, no habrá consecuencias. Considera también que para la energía de Piscis la materia, representada por las cosas materiales, tiene poco valor. Ellos son más felices cuando se dedican a una causa o ayudan a las personas.

Lo mismo ocurre con su signo opuesto, Virgo, porque toda esta oposición está dedicada al servicio y al cuidado de la salud, entre otras cosas.

Como signo de Agua, se podría pensar que se les dan bien las relaciones, pero no es así. Piscis es uno de los cuatro últimos signos transpersonales y, como tal, se ha salido del departamento de relaciones del cinturón zodiacal. No es que no tengan o disfruten de las relaciones, las tienen, solo que no son muy buenos con ellas.

El tiempo está muy presente en nuestra dimensión, probablemente porque es una medida de la materia y porque las cosas materiales se degradan. Somos mortales, por lo que envejecemos con el tiempo. Las cosas del otro lado, o en otras dimensiones, son inmortales y durarán para siempre, y esto hace que el tiempo no sea importante para los Piscis.

Los signos de Tierra suelen ser capaces de manejar el tiempo —Virgo es bastante quisquilloso al respecto— pero Piscis tiene dificultades. Su sincronización en las relaciones a menudo está muy desviada; o declaran su amor demasiado pronto y asustan a su pareja, o no lo declaran en absoluto y esta se cansa de esperar. Piscis puede ser un desastre a la hora de elegir el momento adecuado para hablar de amor.

Parece que les gusta enamorarse. La euforia vertiginosa resuena con su naturaleza soñadora, gentil e imaginativa, por lo que sucede con bastante facilidad. Sin embargo, volviendo a su falta de límites y su ética acerca del amor libre, pueden adorar tanto estar enamorados, que se olvidan de que ya están casados. Algunos son apenas monógamos y tienen un nuevo amor en la mira antes de dejar al anterior. Les molestan profundamente las grandes peleas y las escenas emocionales, por lo que no les gusta dejar a sus parejas, pues esto les haría daño. Pero eso no les impide enamorarse de alguien más y meterse en peores líos, como un triángulo amoroso. Los amores múltiples a menudo pueden adaptarse al hábito de Piscis de tener alguien a quien anhelar y extrañar. Pero cuando están con uno, pueden anhelar al otro.

También pueden hacer lo contrario y enamorarse por completo de una persona que esté geográfica, emocional o físicamente no disponible. En este caso, no necesitan un segundo amor; porque el primero siempre está tan completamente indisponible, que pueden anhelar y amar (y lo hacen) a lo que vive dentro de sus corazones. Como es costumbre con los signos de Agua, los Piscis quieren fusionarse con su amado y meterse en su piel. Darren Hayes, cantautor australiano con Luna en Piscis, escribe canciones hermosas y tan Piscianas sobre cómo ama a sus parejas, incluso antes de conocerlas, y cómo anhela ser su único deseo y fantasía. A cambio, él las amará más con cada soplo de vida.

El amor se adapta a la naturaleza soñadora de los Piscis; simplemente se suben al bote y flotan río abajo, envueltos por una bruma de euforia. También son capaces de elegir a alguien completamente inadecuado, incluso abusivo, no disponible, emocionalmente inestable o con trastornos de la personalidad, y se quedan ahí mucho más tiempo del que cualquier persona en su sano juicio lo aguantaría, creyendo y soñando que, algún día, la persona amada cambiará.

Dejando a los amantes de lado, este es generalmente un signo que quiere abrazar el mundo y que no le gusta prestar atención a una sola persona. Por eso, los Piscis son amables y considerados y tratan de complacer a las personas que conozcan; podrían prestarle la misma atención a un pobre vagabundo o a alguien que espera en la fila del autobús. Están llenos de grandes inconsistencias cuando se trata de relaciones. Sí, habrá momentos de devoción servil, pero luego ofrecerán lo mismo a todos sus vecinos. A los Piscis no les gusta darle toda su atención a una misma persona.

La energía de Piscis tiende a cansarse y por lo mismo necesita dormir mucho. A los Piscis les gusta holgazanear. Esto se debe a que su sistema nervioso es muy poroso y sensible, y no pueden soportar las cargas de trabajo de Capricornio y Virgo. Las limitaciones también se aplican a sus cuerpos; tal pareciera que sus propias células estuvieran siendo atacadas por las energías cósmicas de los confines de nuestro mundo. Su sistema inmunológico está bajo el ataque de alergias e irritaciones autoinmunes. He conocido a más de uno con síntomas vagos y difíciles de diagnosticar que confunden todas las pruebas, pero que desaparecen al cabo de un tiempo.

Su impresionante habilidad natural para actuar les permite transformarse en cualquier persona. La falta de necesidad de fortalecer su propio ego durante su vida significa que pueden relajarse; no tienen nada por qué luchar. Por lo tanto, pueden verterse en cualquier recipiente. Esto solo se convierte en un problema cuando varias personas piden algo idéntico al mismo tiempo. Ahí es cuando las escamas resbaladizas son útiles, ya que nadie puede atrapar al escurridizo pez mientras escapa...

Estar en tu elemento

¿Alguna vez has escuchado la frase "estar en tu elemento"? Proviene de la astrología antigua, de hace muchos siglos, y se usa cuando queremos decir que alguien está feliz y en sintonía con su entorno. Asimismo, decimos "fuera de su elemento" cuando alguien está haciendo algo ajeno a su verdadera vocación.

La mejor manera de entender cómo podemos fomentar o sabotear esta sensación de bienestar es a través de un ejemplo. La carta astral puede mostrar que una persona ha sido bendecida con mucha energía de Fuego. Esto debería hacerla enérgica, extrovertida y segura de ella misma. Sí, ¿pero, qué pasa si se trata de una persona triste, abatida y sin vida? Bueno, son cosas que pasan, pero siempre existe una ayuda para sentirnos mejor cuando comenzamos a confiar en la astrología.

Se puede acceder a la esencia espiritual de los elementos en nuestro perfil psicológico a través de las contrapartes físicas. Es en serio. El agua física, lo que químicamente conocemos como H_2O, en realidad puede absorber las emociones humanas. Vale la pena investigar sobre el trabajo de Masaru Emoto. Él estaba convencido de que la conciencia humana podía afectar la estructura molecular del agua, y tomó fotografías para apoyar su teoría.

Pero volvamos con la persona sin vida con elemento Fuego. Ella necesita la presencia del fuego real para sentirse mejor. Los signos de este elemento aprecian el Sol, las velas o el fuego de una chimenea. Una llama real calentará su espíritu.

Del mismo modo, los signos de Agua deben sentirse cómodos dentro o sobre el agua, ya sea la lluvia, océanos, ríos, canales, piscinas o incluso en el baño. De alguna manera, las moléculas de agua "absorben" el exceso de emoción o, por el contrario, fomentan una respuesta emocional. De cualquier manera, consuelan el alma, que en sí misma es una entidad acuática.

Para los signos de Aire sucede igual con la emoción de las alturas y un cielo amplio y abierto. El vuelo libre, el paracaidismo o el montañismo los ayudarán a estar en su elemento. Los aviones pueden ser contraproducentes, ya que las ventanas son pequeñas y la visibilidad es limitada. Este entorno puede incluso ser claustrofóbico, ya que es posible que se sientan atrapados. Ahí, la persona estará consciente de que no puede controlar la salida.

Y a los signos de Tierra les resultará más fácil hacer una buena combinación. Todo lo que necesitan es un jardín con macetas de barro. Tener cosas terrenales también es importante: casas, autos, fondos de jubilación, etcétera. Incluso he visto a varios signos de Tierra revisar sus estados de cuenta bancarios para sentirse bien. Todos somos diferentes, al parecer.

3

Clasificación de los signos del zodiaco en diferentes grupos

¡Qué emocionante! Has alcanzado tu primer hito. Tienes un conocimiento básico de los signos del zodiaco. Es una buena noticia, pero ahora te daré otra no tan buena: hay más cosas por aprender sobre estas **fuerzas o energías psicológicas**. Voy a dividirlas en diferentes grupos para que podamos hacer comparaciones. Espero que recuerdes que los signos del zodiaco "colorean" el significado del planeta a medida que se desplaza por el segmento del cielo que nos rodea. Y espero que hayas memorizado todos los glifos, porque vamos a necesitarlos.

Veamos el cinturón zodiacal en una rueda NATURAL.

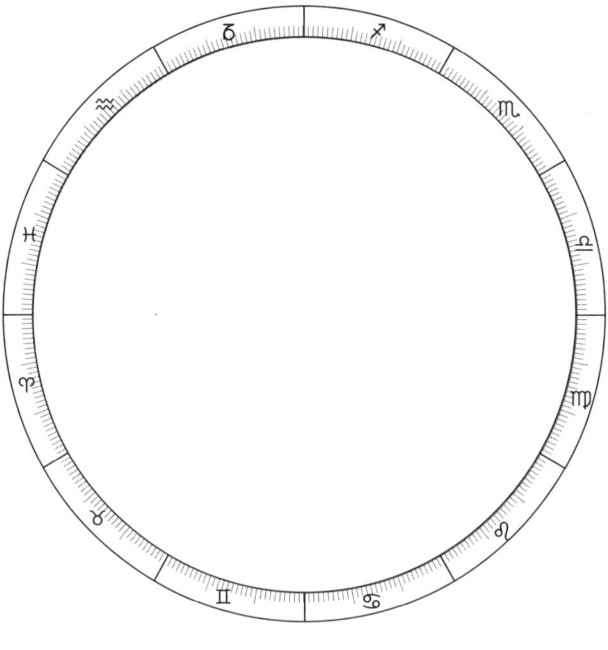

Figura 10. Cinturón zodiacal en una rueda natural

Nota: ten en cuenta que la imagen de esta rueda natural se utiliza con fines didácticos; no está pensada para leer astrología a partir de ella.

Busca a Aries a la izquierda y luego a Tauro debajo. Continúa en el mismo sentido, imitando a las agujas del reloj, leyendo todos los signos y acostumbrando tu mente a lo que aparece después de cada signo.

Vamos a conocer tres agrupaciones diferentes. Cada una de ellas te dará más información sobre estas fuerzas o energías psicológicas.

Antes, déjame decirte algo rápidamente. No te desanimes por las palabras desconocidas y la "jerga" que utilizaré aquí. No necesitas un lenguaje especial para leer una carta astral, pero te será útil saber de qué se trata cuando la leas en fuentes astrológicas en internet. Lo primero, y lo más importante, es conocer el significado de los glifos de la carta. Eso lo es todo.

Las cuadruplicidades o modalidades

"Cuadruplicidad" significa "cuatro en un grupo". O sea que los doce signos deben agruparse, ahora, cuatro por grupo, para convertirse en tres grandes grupos, que son: signos **cardinales**, signos **fijos** y signos **mutables**.

Signos cardinales

Los signos cardinales son Aries (Fuego), Capricornio (Tierra), Libra (Aire) y Cáncer (Agua).

Ten en cuenta que hay un signo de cada elemento en la cardinalidad. Observa la figura 10 y coloca un dedo en cada uno de estos cuatro signos para que te acostumbres a su ubicación en relación con los demás del mismo grupo.

La energía cardinal sale hacia afuera, se inicia. Los cuatro signos persiguen sus necesidades y objetivos y tratan de persuadir a otros para que hagan lo mismo. Se motivan a ellos mismos y son líderes naturales, por lo que quieren tomar la batuta y continuar. La modalidad o superposición cardinal trata, al menos, de hacer algo e intentará hacer correcciones o encargarse de las cosas.

Sin embargo, todos alcanzan los ideales de su **propio elemento** y chocan con los otros tres del grupo. Veamos algunos ejemplos.

Aries prospera en el combate y en las cruzadas, pero Cáncer siempre busca un camino pacífico y amoroso. Entonces, Aries piensa que Cáncer es una energía débil y cobarde, mientras que Cáncer piensa que Aries es sanguinario y brutal.

Libra es sociable y está dispuesta a gastar en decoración, pero a Capricornio le disgustan los adornos frívolos y prefiere gastar en herramientas útiles. Estos dos tendrían dificultades para ponerse de acuerdo sobre cuántas horas debería trabajar Capricornio, cuánta socialización le gusta a Libra y cómo se debe decorar la casa.

Los cardinales tienen una superposición Masculina que sale hacia afuera y hacia adelante, en líneas rectas. Aries y Libra son energía Masculina de todos modos, por lo que la superposición cardinal produce los formidables poderes de estos dos signos opuestos.

Sin embargo, Cáncer y Capricornio, que también son signos opuestos, forman parte de la polaridad Femenina, por lo que cuando el cardinal (Masculino) los recubre, las cosas pueden complicarse más. Vimos lo que sucede con Cáncer, así que no lo repetiré. Mientras tanto, la posición de Capricornio, como el signo de Tierra más alto, favorece el estado de la superposición Masculina, haciéndolo más autoritario y controlador.

La cardinalidad y la masculinidad son compatibles. Cuando no lo son, como sucede con Cáncer (Femenino) y con la cardinalidad, es difícil para esta persona sentirse cómoda. Una energía intenta ser más asertiva, mientras la otra quiere correr y esconderse.

Signos fijos

Los signos fijos son Tauro (Tierra), Leo (Fuego), Escorpio (Agua) y Acuario (Aire).

Notarás que un signo de cada uno de estos elementos es fijo. Vuelve a la figura 10 y observa dónde están ubicados todos ellos. Verás que estos cuatro signos forman una cruz.

La energía fija, como su nombre lo indica, no quiere cambiar. Imagino que cada uno de estos signos tiene un tubo de pegamento eterno e inamovible que aplica a las circunstancias, los amigos y los apegos. Esto es estupendo cuando se requiere lealtad y perseverancia, pero es un problema cuando uno de los miembros de la pareja quiere poner fin a la relación.

Incluso cuando están atascados en una rutina, y tienen una gran fuerza que se resiste al cambio. Y lo hacen simplemente quedándose quietos, plantando los dos pies en el suelo, sin moverse. Pero, aunque no se dejan someter, tampoco pisotean voluntariamente el terreno de los demás. No son especialmente agresivos, sino que más bien se inmovilizan o se quedan en donde están.

Este tipo de determinación puede ser útil. Lo que otra persona ha empezado, ellos lo llevarán a cabo hasta el amargo final. Sus vidas pueden estar llenas de estabilidad, coherencia, perseverancia y conservación. Sin embargo, cuando tú eres el destinatario de todas estas virtudes, seguro los consideras tercos.

Observa también la fuerte gravedad central o magnetismo con la que atraen a la gente hacia ellos.

Acuario y Leo son los que tienen más dificultades para lidiar con esta superposición de energía fija. Su naturaleza Masculina les dice que avancen con audacia, mientras que la fijación vierte concreto alrededor de sus botas. La mayoría afronta este "conflicto interno de personalidad" diciendo a los demás en qué se equivocan y cuánto tienen que cambiar. Mientras tanto, les cuesta aceptar la idea de tener que tomar una nueva ruta para ir al trabajo.

Signos mutables

Los signos mutables son Géminis (Aire), Virgo (Tierra), Sagitario (Fuego) y Piscis (Agua).

Como antes, te recomiendo que vuelvas a la figura 10 y busques estos signos restantes. También forman una cruz de cuatro puntas. El eje Masculino de Aire/Géminis y Fuego/Sagitario es atravesado por el eje Femenino de Agua/Piscis y Tierra/Virgo.

Los signos mutables vienen después de pasar por el peso muerto e inamovible de los signos fijos. Su trabajo es romper el concreto y hacer que las cosas se muevan nuevamente. Y lo hacen de muchas y diversas formas. Virgo se inquieta y tiembla de preocupación, Géminis cambia constantemente de posición en todas las direcciones, el brillante Piscis cambia de forma y Sagitario viaja hacia afuera, en una búsqueda implacable de verdades distantes.

Todos son inquietos y cambiantes, lo cual es bueno, porque deben mediar entre la persistencia inamovible de los signos fijos y la imparable fuerza de los signos cardinales.

Los signos mutables son adaptables, flexibles e inquietos, pero no son contundentes ni persistentes. Aunque Sagitario "siempre tiene la razón" y lo comunica con bastante fuerza, se alejará rápidamente de las cosas que lo irritan y volará sobre el horizonte a gran velocidad. Tienden a servir, e incluso Sagitario lo hace cuando enseña, aunque esto sea lo más cercano que va a estar a la idea de servicio.

Hay mucho movimiento asociado a estos signos. Repasándolos nuevamente, Géminis se inquieta y se aburre. Sagitario solo sabe que el césped del vecino siempre es más verde y sigue sus sueños. Virgo siempre está inquieto y temblando de preocupación; las mentes de Virgo siempre están repasando las cosas. Y Piscis nada constantemente y se mueve en el gran océano del éter cósmico, otra energía soñadora que sigue anhelos y deseos para quién sabe qué.

En general, a los signos mutables no les molesta particularmente el cambio (aunque a Virgo le molesta todo). A menudo se les acusa de ser inconsistentes y esto podría ser cierto, aunque ellos suelen describirlo más bien como fluidez y adaptación.

Encontrarán la manera de esquivar las cosas y evitar el conflicto, a menos que sea para mediar o reconciliarse. ¡Quizás estén más interesados en el viaje que en el destino!

La triplicidad o signos en el mismo elemento

Puedes respirar con alivio, pues esta parte ya te la sabes. Vimos la sección que habla sobre los 12 signos del Zodiaco divididos entre los cuatro elementos. Así, cada uno de los cuatro grupos que conforman las triplicidades tendrá los tres signos de un mismo elemento. ¿Puedes recordarlos?

Signos de Fuego: Aries, Leo y Sagitario
Signos de Tierra: Tauro, Virgo y Capricornio
Signos de Aire: Géminis, Libra y Acuario
Signos de Agua: Cáncer, Escorpio y Piscis

Regresa a la figura 10 y encuentra la posición de cada signo en esos grupos. Notarás que, ahora, cada grupo forma un triángulo dentro de la rueda.

Muchos libros de astrología dicen que las triplicidades son armoniosas y se llevan bien. Yo no estoy tan segura de ello. Puede que compartan la misma forma de hacer algunas cosas, pero eso no necesariamente significa que se aprecien mutuamente. Tomemos como ejemplo a los signos de Fuego, a quienes les hemos pedimos que hagan una presentación en conjunto. ¿Quién va a hablar más, quién va a planificar la campaña, quién va a preparar el té y quién va a limpiar el desastre? Obviamente, Aries querrá organizarlo todo a su manera, desde el contenido de la presentación hasta la iluminación. Leo y Sagitario se empujarán unos a otros para salir a escena y nadie preparará el té ni limpiará. ¿Armonioso? No lo creo.

Signos opuestos, dos en un grupo

SIGNO	SIGNO OPUESTO
Aries Fuego Masculino Mis necesidades Autoafirmación Gloria en la batalla	Libra Aire Masculino Consciencia de la necesidad de los demás Lucha por la cooperación Recurrirá a la batalla "Ojo por ojo, diente por diente"
Tauro Tierra Femenina Sentimiento físico intenso Sensual; integración poco emocional Centrado en sí mismo y en busca de la autogratificación Posesiones personales	Escorpio Agua Femenina Sentimiento emocional intenso Fusión emocional y erótica Deseo de "unirse" a otro, de poseerlo o de "consumirlo" Riqueza compartida

Figura 11. Signos opuestos

Géminis Aire Masculino Falta de confianza Conocimiento fragmentado y hechos aislados Recopilar y aprender Opiniones inmaduras	**Sagitario** Fuego Masculino Confianza Entendimiento gracias a la experiencia y al conocimiento Formación de creencias, sabiduría, fe, confianza, filosofía, derecho y religión Opiniones formadas
Cáncer Agua Femenina Conservador Amor incondicional Búsqueda de seguridad/ inseguridad Necesidades emocionales personales Crianza suave Sin defensas; necesidad de esconderse Sensible	**Capricornio** Tierra Femenina Conservador Amor condicional Construir seguridad Sin emociones Nutrir el estatus/éxito/ adquisiciones Columna vertebral fuerte Fortalecido
Leo Fuego Masculino Reconocimiento de sí mismo como lo más importante Autocracia Quiere ser diferente/único Necesita atención especial El ego propio es especial	**Acuario** Aire Masculino Ninguna persona es importante Lo importante es el grupo Democracia Quiere ser diferente/único No presta atención especial Ningún ego es especial
Virgo Tierra Femenina Salud Crítica/culpa Proceso de limpieza Discrimina y etiqueta las partes separadas Preocupaciones **Le importa** Servicio, sirve Detalla	**Piscis** Agua Femenina. Salud Letargo/culpa Proceso de limpieza Disuelve las cosas en un todo indiferenciado Sin preocupaciones **No le importa** Sirve lo que más pueda Indiferente a los detalles

Figura 11. Signos opuestos

Con esta sección concluye la teoría de los signos del zodiaco. Hemos aprendido a verlos individualmente, en pareja, como parte de un grupo, como adversarios y como componentes de un todo. Cada una de estas energías es parte de ti y del universo en el que vivimos.

Te recomiendo que sigas leyendo estas páginas y consultes cualquiera de los libros de la lista que encontrarás al final. Necesitas comprender estas fuerzas y ser capaz de recordar información sobre ellas en cualquier momento.

Te felicito por haber llegado hasta aquí! Ya solo faltan unas pocas páginas para que puedas interpretar la astrología. Pero es más que eso: estamos **profundizando en los orígenes y estructuras que subyacen en el comportamiento** y estamos aprendiendo **astrología conductual y psicológica**, lo que nos permite comprender y modificar conductas para lograr resultados más positivos.

4

Las casas del horóscopo

Cómo se construye una carta astral

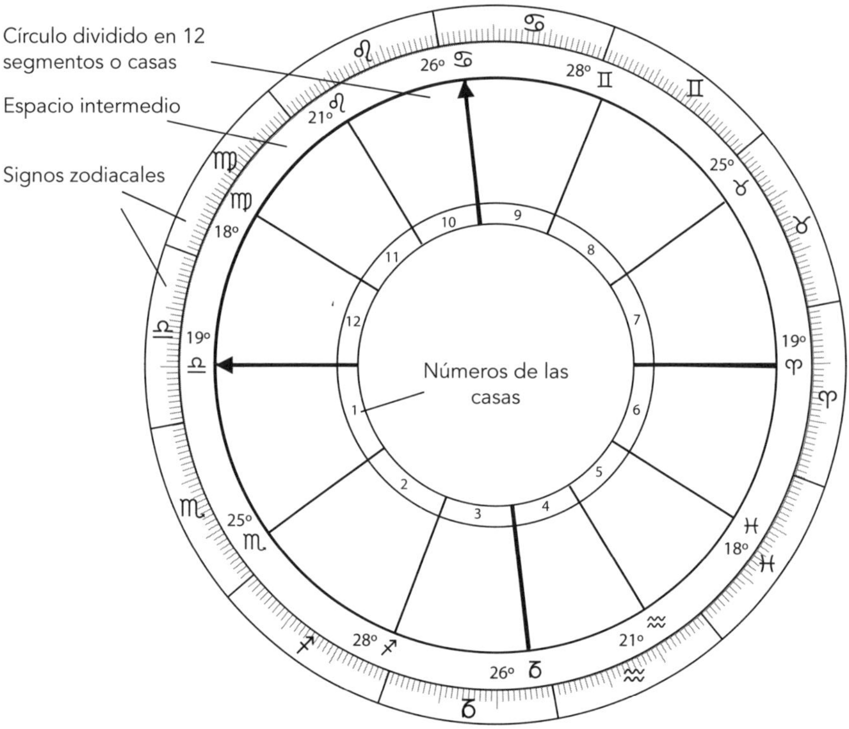

Figura 12. Carta astral simple, con casas y signos del zodiaco

¡Por fin! Estamos a punto de ver nuestra primera carta astral completa. Podrá parecer un poco vacía en este momento, pero hay suficiente información aquí como para poder hacer una lectura. Esto podrá sonar sorprendente, pero **no necesitas de los planetas para practicar astrología.**

He aquí cómo se configura una carta astral.

El anillo exterior es la rueda del zodiaco (consulta la figura 10), dentro hay una brecha que representa el espacio. Luego, en el interior, puedes ver 12 segmentos (como un pastel grande, cortado en rebanadas irregulares). Esto es a lo que llamamos casas. Son completamente independientes de los signos del zodiaco.

Hasta ahora has aprendido los significados de los signos del zodiaco, ahora aprenderás sobre el significado de las casas.

Cada casa representa una faceta, lado, parte o zona de nuestras vidas. Quizás valga la pena repetirlo: cada casa representa una faceta de nuestras vidas.

Cómo giran los signos zodiacales alrededor de las casas

El cinturón zodiacal, formado por todos los signos zodiacales, ahora gira alrededor del círculo de casas y puede caer en cualquier lugar.

Déjame hacértelo más sencillo, no hay razón para aprenderlo de otra manera. Ya tendrás tiempo, más adelante, de ponerte al día con todas las cuestiones técnicas; ahora mismo no quiero asustarte complicando las cosas. Por ahora, lo único **esencial** que necesitas saber es cómo se mueven los signos alrededor de las casas y qué significa eso.

Para comprender esta dinámica crucial, saca una copia del diagrama de la carta astral contenida en este libro y recorta el anillo exterior de signos. Coloca el resto en el centro y estabilízalo. Ahora, mueve el anillo delgado de signos a su alrededor. Puede detenerse en cualquier lugar que desees.

ESA es la mecánica principal de una carta astral. De aquí proviene la mayor parte de tu información astrológica; ignora todo lo demás por ahora.

Las cartas astrales se pueden diseñar en muchos formatos distintos y dependiendo de las preferencias individuales. Por lo tanto, el estilo de una carta puede ser diferente si la ves en internet. Sin embargo, nos hemos asociado con **astro.com**, donde encontrarás un "gráfico" o una "rueda de carta astral" que lucen exactamente iguales a los de este libro. Esto facilitará la primera parte de tu viaje astrológico. Comienza tu primera carta ahora mismo yendo a **astro.com** y registrándote. Luego, sigue paso a paso las instrucciones que se encuentran en la página 168 y en **www.alisonchesterlambert.com**.

A continuación se presentan algunos aspectos a tener en cuenta sobre la figura 12. Todos los signos del zodiaco tienen el mismo tamaño y cada uno ocupa 30 grados del círculo completo de 360 grados. 12 * 30 = 360 grados.

Las casas no son tan complacientes; pueden ser de cualquier tamaño, desde diminutas hasta enormes. Si es una casa diminuta, puede tener solo unos pocos grados de ancho. O puede ser una casa tan grande, digamos de 72 grados de ancho, que tres signos del zodiaco la abarquen. En cuyo caso, esa faceta de tu vida encierra muchas oportunidades.

A medida que vayamos aprendiendo sobre las casas, empezaremos a ver cómo influyen los signos zodiacales en los deberes de esa casa. La siguiente rueda destaca las casas Masculinas y Femeninas, y sus elementos.

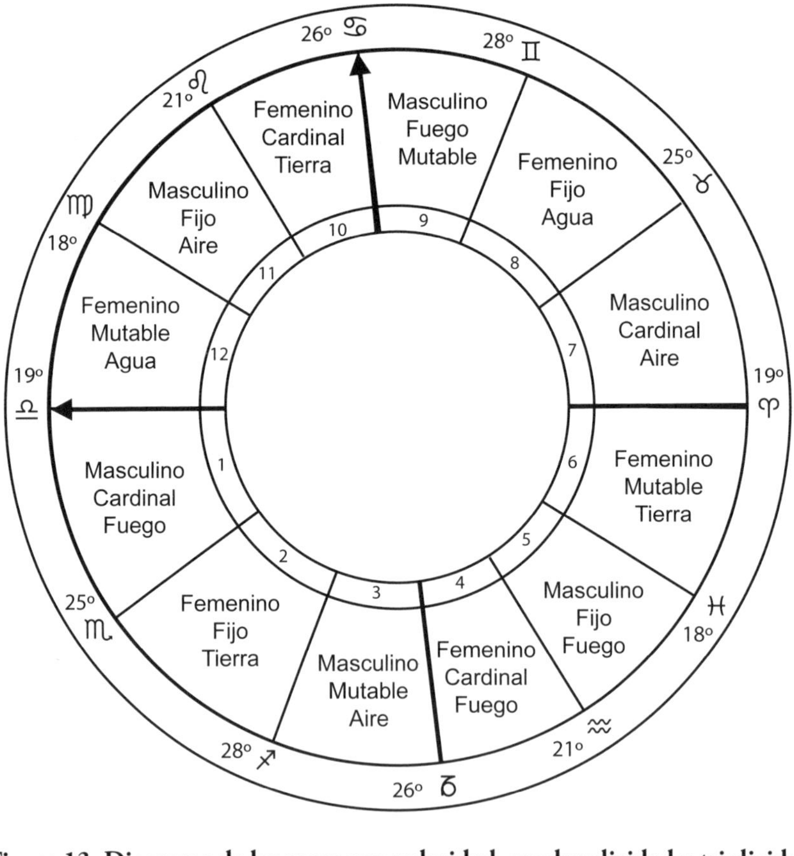

Figura 13. Diagrama de las casas con polaridad, cuadruplicidad y triplicidad

Significado de las casas Masculinas de Fuego

La primera, quinta y novena casa (o estas facetas de nuestra vida) son las casas Masculinas de Fuego. Quizás quieras releer el capítulo sobre la energía de Fuego, antes de leer esto, a fin de refrescar tu memoria.

Al igual que los signos de Fuego, las tres casas de este elemento tienen una energía Masculina que quiere irrumpir en la vida y quemar todo lo que encuentra a su paso. Estas casas, o facetas de nuestra vida, son las áreas donde debemos encontrar inspiración, optimismo y fe para el futuro. Juntas, representan nuestro potencial de confianza y alegría, con gran entusiasmo por el porvenir.

Entonces, si queremos encontrar esa creencia especial de que "valemos la pena", debemos invocar las facetas de Fuego de nuestra vida para que nuestro espíritu pueda brillar. Recuerda que el Fuego siempre precede a la Tierra, por lo que es el impulso crudo y el combustible que preceden a la manifestación de las cosas materiales.

A algunas personas, las posibilidades de la imaginación fogosa les pueden parecer inalcanzables o tontas. ¡Todavía están resentidas por todas las veces que les dijeron que dejaran de presumir! Con la confianza destrozada, se refugian bajo un techo de cristal que han erigido ellos mismos, sin darse la oportunidad de alcanzar su magnificencia. ¿Por qué alguno de nosotros haría esto?

Todo se remonta a la infancia y al "color" en el que nuestros padres nos amaron, teoría personal que aprendimos hace unas páginas. Nos amaban, eso es seguro, pero ¿era ese amor del "color" correcto para nosotros?

Si nos amaban en rojo entonces, cuando lográbamos algo, nos habrían aplaudido y dicho: "¡Eres increíble! ¡Qué fantástico es eso! Vamos a tomarle una foto".

Si nos amaban en azul, habríamos escuchado: "Sí, muy bien. Pero si hubieras hecho esto o aquello, habría sido aún más impresionante". O tal vez incluso ignoraron el éxito y dijeron: "Ahora lava tus manos y prepárate para la cena". Esos padres también recibieron ese amor azul de sus propios padres, ahí es donde aprendieron esa respuesta.

Si recibimos amor rojo, entonces aprendimos a ser receptivos a los elogios y la **atención**, por lo que ahora tenemos la confianza para llegar más alto y creer que podemos hacer más. Si no recibimos amor rojo, sino azul, aprendimos a retroceder y tener la impresión de que no es bueno presumir y ganar. Y esta lección sigue afectándonos cincuenta años después.

¿Y cuál sería la respuesta? Es simple: **date amor rojo a ti mismo**. Ama a tu niño interior y busca en tus casas de Fuego las pistas que necesitas para reclamar tu éxito y alegría. La verdad es que **esta dimensión se basa en atención y convicción**. Uno de los secretos de la antigua Grecia era el conocimiento de que los dioses no podían vivir sin alabanzas y adoración. Dentro de cada uno de nosotros está el Fuego y el espíritu de la divinidad. Lo sé porque está ahí, en la carta astral.

Las religiones monoteístas tradicionalmente han predicado que debemos ser piadosos y humildes, pero eso era para mantenernos en la audiencia mientras sus representantes abusaban de su superioridad, sin límites morales.

Es un legado que nos empequeñece y avergüenza. Permíteme ser clara: no podemos alcanzar alturas mayores sin honrar nuestro Fuego/espíritu y sentir la emoción de nuestra singularidad. El Fuego encierra la visión de nuestro futuro, solo así podremos ver las posibilidades y avanzar hacia ellas con confianza. Y hay algo más importante aún: el Fuego puede visualizar el futuro de manera diferente a como es ahora, sin verse frenado por el pesimismo.

Por desgracia, hay poco margen de maniobra cuando se trata de honrar nuestra herencia de Fuego. Podrías pensar que has enterrado tu "ego de Fuego no deseado" en las profundidades del inframundo o en tu sombra, pero no permanecerá allí para siempre. Y cuando emerja, no tendrás control sobre él. También te resultará estresante estar cerca de aquellos a quienes les gusta jugar con su Fuego, y eso puede hacerte infeliz.

La primera casa

Hemos aprendido que todo comienza con la energía, y esa es la esencia de la primera casa porque, después de todo, es una casa de Fuego. Es un estallido energético de vida.

Esta casa resuena con la vitalidad bruta de Aries y Marte.

Es una faceta de nuestra vida que trata sobre el estallido de energía y el espíritu necesario para poder "bajar a la Tierra". La primera casa irrumpe en la vida como fuegos artificiales. Y lo que sea que esté en ella, la acompaña. Entonces, si Libra está en la primera casa, esta energía será la que se desate.

Si observamos las casas como un viaje que va desde la primera hasta la duodécima, y vemos esto como una metáfora de la vida de un ser humano, eso significa que comenzamos como un bebé, totalmente egocéntrico e irrumpiendo en el escenario de la vida, en la sala de partos de la primera casa. Es nuestra interacción inmediata con la "vida" y nuestra fuerza vital. Es nuestro "espíritu", y lo que los demás ven primero.

Tal como el nacimiento de un bebe, si Aries está al mando, habrá sido rápido, con demandas inmediatas de atención; si Capricornio es quien allí reposa, habrá sido un nacimiento cargado de ansiedad, un trabajo de parto duro y mucha determinación de lograrlo.

No hay complejidad ni profundidad en esta casa; todo gira en torno a la voluntad de existir y la vitalidad en su forma más cruda. Se trata de una forma simple y pura de energía, sin idea del efecto que tiene sobre los demás.

¿Alguno de nosotros sabe lo que el mundo ve cuando nos observa? No del todo. Nunca podremos vernos a nosotros mismos de la forma en que nos ven los demás. Nuestro mecanismo de ver y juzgar no puede separarse lo suficiente como para darnos una buena visión. ¿Reconoces o incluso te gusta tu propia voz cuando oyes una versión grabada? A muchas personas no.

Si somos un edificio, esta casa es nuestra puerta principal, nuestra primera visión al mundo. La gente se acerca a la puerta e interactuamos con ellos a través de ella. Primero verán esta parte de nosotros. Todo en la carta astral tiene que pasar por aquí. Pero seguimos sin poder verlo nosotros mismos, porque no podemos separarnos; no podemos situarnos más lejos y ver todo con perspectiva.

La quinta casa

El Sol y Leo están asociados con la quinta casa. ¿A qué faceta de nuestra vida nos lleva esta pista? Se trata de la casa del "poder personal", que describe nuestro entusiasmo y felicidad por vivir. Cuando todo está en orden en esta casa, sentiremos gozo y dicha. Es el área de nuestra vida donde podemos expresarnos y a la par divertirnos un poco.

Por supuesto, aquí es donde encontramos y creamos nuestro poder personal, pero también es donde desarrollamos nuestra identidad, lo que nos lleva a reconocer nuestras fortalezas y éxitos. Es en este lugar donde puedes darle a tu niño interior el amor rojo del que hablé en la introducción a las casas de Fuego. Y nunca te darás a ti mismo un mejor regalo que este.

La palabra "creación" también está asociada con la quinta casa. A menudo, esto significa crear algo de lo que debes estar orgulloso, como una expresión brillante de uno mismo. Podría ser una obra de arte, una puesta en escena, una actuación dramática o algo por el estilo. ¿Disfrutas de la actuación o eres buen músico? ¿Te gusta tejer, los juegos en línea, hacer tapices o algún deporte? ¿Hay algo que te haga sentir genial cuando logras hacerlo bien? Todas estas cosas son muy importantes para la divinidad en nosotros porque exponemos, y luego nos deleitamos, con nuestra proeza o sentido de la diversión. Encontramos la mejor faceta de nosotros.

Si jugamos con la palabra "creación" podemos obtener "recreación", donde algo se hace por placer, y "procreación", como la creación de un niño. ¿Crear hijos es propio de la quinta casa? Eso solía desconcertarme. Luego me enseñaron que es porque podemos intentar proyectar nuestro futuro, nuestra imagen o nuestro potencial, en nuestros hijos. Es en esta casa o faceta de nosotros mismos donde luchamos con el tema de la descendencia.

Pero eso solo me dice que no hemos hecho un buen trabajo de desarrollo de nuestra propia individualidad. Si somos propensos a utilizar a nuestros hijos como chivos expiatorios de los problemas propios relacionados con nuestros egos fallidos, eso significa que no hemos descubierto cómo ser felices y plenos. No deberíamos necesitar que los niños vivan algo por nosotros, ¿cierto?

El signo delator, lo que revelará que tienes algunos problemas difíciles por resolver, está en los planetas o signos pesados que residen aquí. Como se menciona en el párrafo anterior, un problema común es que los padres intenten imponer sus propios deseos a sus hijos, pero estos últimos tienen su propia quinta casa que honrar.

Capricornio en la quinta casa puede significar dificultades para concebir hijos. Y no solo hijos; casi todo lo que hagamos por conseguir una sensación de euforia y orgullo nos costará trabajo. Puede que tengamos miedo de jugar, o que nos neguemos a nosotros mismos la sensación de ser especiales por vergüenza o culpabilidad. Y a veces podremos sobrecompensar realizando cantidades extenuantes de trabajo duro y castigador, lo que produce resultados increíbles. Esto es adecuado para las personas con una quinta casa pesada, porque así es como ellos sienten su poder personal. Recuerda que una vez que reconoces el problema, serás capaz de convertir el plomo en oro. No podemos curar algo que primero no hemos sentido.

Otro ejemplo: Escorpio en la quinta casa puede significar que las palabras son difíciles de expresar, tanto para el niño como para el padre. Sin embargo, podría existir un fuerte vínculo con ellos... O, todo lo contrario. Ese vínculo es difícil de conseguir y tendrás que identificar de cuál de los dos casos se trata. O incluso podría significar que en algún momento tendrás un amante erótico y sexualmente intenso que despierte sentimientos fuertes. ¿Y qué puedes hacer para utilizar eficazmente la quinta casa de Escorpio? ¿Qué te parece apuntarte a unas clases de baile *burlesque*? Es la manera perfecta de divertirse con un matiz sexual. A tu quinta casa le encantará.

Esta es también la casa de las aventuras amorosas y el romance, pero no de las relaciones con la idea de casarse o vivir en pareja juntos y compartir el pago de una hipoteca. La quinta, sexta y séptima casa son la metáfora de un romance que comienza en la quinta casa, se ajusta a la rutina y al servicio en la sexta, y en la séptima se convierte en un acto de equilibrio de un matrimonio formal con compromisos.

El amor romántico nos hace sentir especiales, felices e inmortales. Nuestro sentido del yo se eleva y nos sentimos vivos e inspirados. Pero este es solo un tipo de amor que existe entre muchos otros, los cuales se encuentran a través de los símbolos de la astrología.

Alguien que tenga actividad en la quinta casa vivirá lo anterior de forma bastante literal. Participará y disfrutará de las actividades creativas o dramáticas, o tendrá la tendencia a tener aventuras amorosas.

Puede que descubras que tus relaciones amorosas más memorables han sido con personas afines a tu quinta casa. Por ejemplo, si tienes a Piscis ahí, él será una persona tipo Piscis. Esto ocurre, sobre todo, si tú misma no vives tu quinta casa. ¿Y qué pasa cuando se acaba? Pues que él se irá y se llevará consigo tu felicidad, todo lo que te hace especial y hasta tu confianza.

Por eso es mejor utilizar lo que tienes allí para desarrollar tu propia importancia, especialidad, distintividad y, eventualmente, tu felicidad (todos, atributos de Fuego). Así, nadie podrá marcharse con eso. Conectar con el poder divino que vive en nuestro espíritu/Fuego debe ser nuestro mayor don, y esta casa es uno de los puntos de acceso en nuestra carta. Ven aquí para encontrar consuelo y una razón para vivir. Ama esta faceta de tu vida y comprueba que sí marca una diferencia.

La novena casa

Esta es la última casa de Fuego. No hay ninguna en el cuarto cuadrante porque nuestra importancia allí es insignificante. Sin embargo, los signos del zodiaco de Fuego pueden aparecer allí y prestarnos algo. En esta faceta de nuestra vida buscamos lo espiritual. Esta casa se asocia con Sagitario y Júpiter.

Es un acto final y una exploración de la fe en lo divino. También es la búsqueda de la verdad impoluta (la explicación verdadera y completa de todos los asuntos espirituales). La búsqueda se vuelve, entonces, bastante urgente, sobre todo a medida que envejecemos. Y mientras devoramos información y nos elevamos más en nuestra búsqueda, solo retroalimentamos una mayor determinación.

Lo que buscamos debe ser la evidencia de la verdad más pura, impecable, inmaculada y completamente incorruptible que puedas encontrar.

Se necesita una comprensión individual urgente, y no pueden ser los pensamientos regurgitados, copiados y pegados, o incluso falsificados, de otra persona.

Buscamos una conexión escurridiza que nos haga sentir bien y nos impulse a seguir adelante. Por eso continuamos y establecemos otra conexión, y de este modo seguimos buscando y perfeccionando nuestra versión de la verdad. Las respuestas deben aportar significado y sustancia.

Si tenemos un signo zodiacal Masculino o muchos planetas en esa casa, terminaremos enseñando, lo que realmente alimentará nuestro aprendizaje.

La búsqueda y la ampliación de horizontes también se aplican a las culturas extranjeras, fuente de gran fascinación por ser diferente.

Significado de las casas Femeninas de Tierra

La segunda, sexta y décima casas (o estas facetas de nuestra vida) son las casas Femeninas de Tierra.

En estas tres facetas de nuestra existencia ncccsitamos construir algo sólido para sostener nuestros cuerpos. Si lo pensamos bien, entre nuestras necesidades físicas básicas está la calidez, o la protección del calor, la comida y la seguridad frente al peligro. El dinero nos brinda opciones para sustentarnos y satisfacer nuestra naturaleza curiosa. Luego de eso, la comodidad, o incluso los lujos, son agradables.

En las casas de Tierra tenemos una serie de regalos y opciones para poder construir esto. Los planetas y signos dentro de ellas describen las herramientas que tenemos para concretar este esfuerzo, así como los problemas que nos atormentan.

Llegados a este punto, te recomiendo volver a la sección sobre el elemento Tierra y sus signos, y leerla de nuevo con detenimiento. Cuanto más familiarizado estés con la psicología, no solo de la Tierra sino de todos los elementos, mejor será tu astrología. Estas casas de Tierra resuenan con sus homólogas en el cinturón zodiacal y los planetas, y son tan similares que no es necesario repetir la información. Eso hace que esta sección sea más corta, pero no significa que las casas sean menos importantes.

De hecho, estas son las más importantes para el apoyo astrológico individual.

La segunda casa

Esta faceta de nuestra vida está asociada con el primer signo de Tierra, que es Tauro, y con el planeta Venus. Es también la primera de las casas de Tierra, por lo que se esperaría que fuera bastante simple y básica, tal como en efecto lo es. Sin embargo, también tiene un poder e importancia considerables. La carta astral donde se ubica la segunda casa sienta las bases para la vida de una persona, y si la construcción no se hace correctamente, podría causar un problema en el momento menos esperado. Esto es algo que les sucede a muchas personas.

Con la astrología podemos ver claramente cuáles son los desafíos y tomar medidas para remediarlos. Siempre ha sido irónico que esta práctica pueda predecir que una persona tendrá dificultades para conservar el dinero y luego se le pueda dar a esa persona el "antídoto" para dicha pérdida. Porque si logran el éxito financiero entonces, en retrospectiva, la predicción ya no sería correcta.

Tradicionalmente (y las casas de Tierra suelen tener buenos valores tradicionales), esta casa trata sobre sustancia, materia, posesiones, dinero, ingresos, recursos, objetos de valor, riqueza/pobreza y la apreciación del valor y su importancia.

Yo opino que esa es una lista completa, pero agregaría algunas cosas más, como calidez, seguridad y "cuerpo". Si la primera casa es una metáfora del nacimiento de un nuevo yo energético y espiritual, entonces la segunda casa es el bebé que descubre los dedos de sus manos y pies. Hay una gran diferencia entre el recién nacido, que está feliz de estar envuelto apretadamente, y la siguiente etapa, en la que se mueve con entusiasmo. Aquí es donde la mente y el alma descubren cómo trabajar con el cuerpo.

En esta faceta de nuestra vida hay un impulso natural por hacernos más sólidos, más permanentes, más estables y más duraderos. Eso es darnos más sustancia, lo que explicaría por qué aquí aumentamos de peso. La lógica de la supervivencia parece decir que cuanto más grandes somos y cuanto más hay de nosotros, más tiempo existiremos.

En esta casa también hay curiosidad. Como cuando el bebé explora y se lleva todo a la boca para probarlo. ¿Se siente bien en la boca? Hablamos de los sentidos del tacto, el gusto y el olfato, que también son rasgos Taurinos. ¿Me da una sensación agradable o me brinda placer? Las personas con una segunda casa fuerte se toman la comida muy en serio, además de que saben mucho sobre ella. Al igual que con Tauro, esto tiene que ver con los sentidos, especialmente con el gusto y el olfato. Lo cremosa, lo dulce y lo deliciosa que es la comida en general, son características atractivas y muy reconfortantes.

Ciertamente, esta casa puede ser demasiado indulgente, hedonista y adquisitiva, pero estas son solo algunas de las expresiones incluidas en una lista muy sensible. Bajo ciertas condiciones, las personas pueden morirse de hambre, pues "odian" su cuerpo, o se vuelven adictas a la comida, engordan mucho y siguen odiando su cuerpo. O hacen una dieta saludable y van al gimnasio dos veces al día. Los planetas y signos en la segunda casa describen cómo, probablemente, habrán de ocurrir estas cosas.

La sexta casa

Esta faceta de nuestra vida se centra en el servicio a todo tipo de tareas mundanas y domésticas. Se encarga de la salud del cuerpo en general y del servicio y los deberes en el hogar y el entorno laboral. Esto incluye las tareas diarias, como lavar los platos, preparar la comida, limpiar la casa, recoger los paquetes después de hacer las compras en línea, llevar el automóvil al taller mecánico y ocuparse de la jardinería... Ya entiendes la idea. Digamos que algunos de nosotros hacemos más trabajo de la sexta casa que otros que incluso tienen trabajos remunerados a tiempo completo.

Virgo y el planeta Vesta están muy asociados a esta casa, y gracias a su influencia es que podemos encontrar alegría y satisfacción cuando estas tareas se hacen adecuadamente. Porque siempre es posible sentirse bien cuando podemos ver lo que hemos hecho. Si la casa está impecable o si completamos en un día todas las tareas de una lista, logramos sentirnos bien con nosotros mismos, ¿no? Al menos, yo sí. Esta casa nos brinda la oportunidad de honrar nuestro sentido del deber y el trabajo duro y, al hacerlo, honramos al elemento Tierra y los miles de años de servicio a los dioses.

De vuelta con nuestros cuerpos, las rutinas como cepillarse los dientes, bañarse, arreglarse las cejas o las uñas y cualquier otra actividad que los mantenga en buena condición, cabe dentro de esta faceta de nuestras vidas. Incluso asistiendo a chequeos médicos rutinarios o mediante cualquier otro arreglo dental o de belleza. La salud también conlleva decisiones sobre suplementos vitamínicos, medicamentos preventivos o complementarios, y rutinas de dieta y ejercicio.

Luego está nuestra salud real y las enfermedades, y la preocupación por este tipo de cosas. Los planetas y signos zodiacales pueden indicar los tipos de padecimientos que podríamos sufrir. Por ejemplo: si tenemos a Neptuno o Piscis en la sexta casa, esto puede indicar enfermedades autoinmunes, como psoriasis, eczema o alergias, en cuyo caso, las paredes celulares de la piel tienen dificultades para mantenerse. Se sabe que Piscis tiene un efecto disolvente sobre las células del cuerpo.

La resonancia de Virgo significa que esta también es la casa de la preocupación: preocuparse por la salud, por perder una cita, por comer en exceso, por no tener nada de qué preocuparse, sentir culpa por las obligaciones, preocuparse por las fallas, por el cáncer, por el dinero...

La décima casa

Esta faceta de nuestra vida está asociada con Capricornio, pero se centra principalmente en nuestras carreras. En una carta astral, los signos y planetas aleatorios que aterrizan en esta casa describirán la carrera que deberíamos seguir para obtener el éxito, estatus y logros. Sin embargo, algunas personas no tienen acceso a una carrera remunerada y, en ese caso, también puede describir cómo los ven los demás y qué les hubiera gustado hacer si hubieran tenido la oportunidad.

Se trata también de los logros en general, donde aspiramos y concretamos nuestros mayores objetivos. Es la copa de nuestro árbol. Aquello de lo que podemos estar orgullosos al ver hacia atrás. Es por lo que queremos ser respetados. Nuestras carreras, a menudo, nos ofrecen la oportunidad de ganar responsabilidad o autoridad a través de la competencia y la habilidad, un sello de autoridad que aprueba esta casa, regida por Capricornio.

He notado también que parece representar cómo nos ve la gente socialmente, antes de tener una conversación real y cara a cara con nosotros, cuando se convierte en un tema de la primera casa y su ascendente. Los planetas y signos de la décima casa son vistos por todos. Es una imagen pública, por así decirlo.

Hay algo curioso: nuestros padres están representados por una gruesa línea negra que va desde la parte superior de la carta astral hasta la parte inferior (ver figura 13). Es la cúspide, tanto de la décima como de la cuarta casa. Uno de nuestros padres nos mostró cómo comportarnos en el mundo exterior, por lo que nuestra décima casa describe a aquel que fue más dominante e influyente al enseñarnos a presentarnos a nosotros mismos. Si nos enseñaron a ser educados y a comportarnos de cierta manera en público, ese padre se encargó de nuestra apariencia y desempeño. Si nos enseñaron a evitar a los acosadores y a buscar a un adulto para mediar y encontrar una salida diplomática, podríamos tener a Libra en esta casa. Si nos dijeron que saliéramos a defendernos y golpeáramos a los acosadores, podríamos tener a Aries en la cima de la casa.

También podemos tener una vocación o carrera a partir de la influencia de este padre, lo cual, a menudo, se muestra mediante una repetición de los signos relevantes, tanto en las cartas astrales de los padres como de los hijos. Por ejemplo: tengo un ascendente en los últimos grados de Libra (en la cúspide de mi primera casa). Mi hija nació con su MC, medio cielo, la cúspide de su décima casa, en mi mismo grado de Libra. Y yo fui la madre más influyente. Su padre tiene su Sol en Aries y su IC, fondo del cielo o punto más bajo, en Aries. (¡No te preocupes si aún no puedes seguir esta información!).

A medida que crecemos, nos vemos impulsados a seguir las sugerencias profesionales de nuestra carta astral, sin importar lo que nos hayan enseñado a hacer o lo que digan nuestros padres. Entonces, se manifiesta una sensación persistente de insatisfacción cuando estas energías no han tenido su oportunidad.

Veamos algunos ejemplos… Si Tauro está en el medio cielo, querremos involucrarnos con la naturaleza, embellecer el cuerpo humano o preparar comidas deliciosas. Podemos querer construir algo de piedra, ladrillo o arcilla que dure para siempre. Por lo tanto, la construcción, la albañilería, la carpintería, la jardinería, la agricultura, la producción de lácteos o chocolate y la confitería serían buenas carreras.

Leo es difícil de acomodar porque hay oportunidades limitadas para los artistas. En este caso, puede significar que tengan un trabajo diurno para pagar las cuentas y un trabajo nocturno, no remunerado, en busca del emocionante aplauso del público. Incluso entonces, recuerda que la energía de Leo no es compatible con el servicio o con el hecho de ser el empleado peor pagado dentro de un entorno jerárquico. El trabajo por cuenta propia funciona mejor porque le da a Leo un sentido de control.

Significado de las casas Masculinas de Aire

La tercera, séptima y onceava casas (o estas facetas de nuestra vida) son las casas Masculinas de Aire.

Te recomiendo volver a la sección sobre el elemento Aire y sus signos, y leerla de nuevo con detenimiento, porque son tan similares que no es necesario repetir la misma información.

Las casas de Aire nos ofrecen tres facetas de nuestra vida en las que podemos desprendernos del pasado y atraer un orden diferente hacia nosotros. El Aire es un elemento muy útil cuando queremos escapar, pues nos proporciona unas tijeras y nos muestra una línea punteada que dice: "Corte aquí". Cada una de las siguientes casas de Aire ofrece un cambio de escenario y un nuevo entorno social. La idea es respirar un poco de "aire fresco".

El Aire gobierna la mente lógica, nos permite ser conscientes de nosotros mismos y evaluar y racionalizar nuestras vidas al ponerlas en contexto. También es el principio de la comunicación y el intercambio de ideas. Vale la pena repetir que el Aire busca ideas y patrones que tengan sentido.

Este elemento es, hasta cierto punto, civilizado y amable, al buscar equilibrio y justicia. Necesita analizar y evaluar con un enfoque cuestionador, porque las palabras y las conversaciones son importantes para él.

El desapego es esencial para observar y comprender la circulación natural y la síntesis entre las personas a nivel social. Debido a esto, tiende a ser ligero y superficial incluso cuando se trata de una relación. Recuerda: nos referimos a lo opuesto al Agua, que tiende a aferrarse. Al Aire le gusta separar tal fusión, creando distinciones que se pueden estudiar por separado.

La tercera casa

El sistema de casas puede considerarse una metáfora de la vida humana. Dijimos que si un bebé nace en la primera casa y descubre cómo controlar su cuerpo en la segunda, cuando llega a la tercera casa está preparado para separarse de su madre y hablar o comunicarse con los demás. El aprendizaje, así como la recopilación de información, se realiza en esta casa. Pero, primero, debemos aprender un idioma con el que podamos comunicarnos, para luego practicarlo con nuestros hermanos, o con quienes nos rodeen durante los primeros años escolares. Debemos aprender a leer y escribir; solo así podremos consultar libros y plasmar nuestras ideas para que otros las lean. Esta casa también representa el vecindario local, ya que el "bebé", que ahora tiene entre cuatro y seis años, empieza a sentir curiosidad por el mundo que lo rodea. Aquí están representados los viajes cortos, como los que se hacen a diario para llegar a la escuela, y tradicionalmente aquí también se encuentran nuestros hermanos.

Cuando crecemos, ¿para qué nos servirá esta casa? Seguiremos usándola para explorar, aprender, escribir libros, aprender nuevos idiomas y reconocer el barrio. Estoy escribiendo un libro y este empeño viene de mi tercera casa, que es Capricornio. ¿Adivinas lo que eso significa?

La séptima casa

Se dice que la séptima casa trata sobre el "ajuste de la animosidad". No sabía qué significaba eso, así que busqué "animosidad" y encontré que uno de sus significados es "aversión, antipatía, hostilidad". También se le llama "casa de los enemigos declarados". Dejando esto de lado, volvamos a lo que dije en el párrafo de apertura de esta sección: "Las casas de Aire… donde podemos desprendernos del pasado y atraer un tipo de orden diferente hacia nosotros".

Pero aun juntando estas dos visiones se requiere de una aclaración. ¿De qué nos estamos desprendiendo y cuál es el nuevo tipo de orden? Estamos metafóricamente separándonos de las casas cinco y seis. Dejamos atrás nuestra individualidad, única y autónoma. En la quinta casa descubrimos nuestro poder personal, en la sexta limpiamos, servimos y aprendimos tareas domésticas y en la séptima nos preparamos para entrar en un compromiso formal, compartido y legal, con alguien más. Por lo tanto, el Aire de la séptima casa nos ayuda a liberarnos de la autosuficiencia y entrar a un mundo de dos.

La séptima casa trata principalmente sobre la otra persona significativa. Es la "persona opuesta" con quien tratamos de equilibrar las cosas. Si en tu vida tomaste la decisión de casarte, definitivamente se trata de tu cónyuge. Sin embargo, si has tenido pocas relaciones y ningún matrimonio, entonces representa, en orden descendente, un socio comercial, un miembro de la familia, una mascota preciada, etcétera.

Los planetas asociados son Venus y Juno, y el signo asociado es Libra.

Valga puntualizar algo sobre la oposición entre la primera y la séptima casa. "Relacionarse con" consiste en reconocer las diferencias. Nos "relacionamos con" cuando "ellos" son opuestos y diferentes, no cuando estamos fusionados o somos lo mismo. El mundo de dos es muy diferente al mundo de uno, y el elemento Aire es necesario para entenderlo.

La onceava casa

En la onceava casa, o esta faceta de nuestra vida, buscamos formar parte de un sistema organizado o de una fraternidad. Podemos convertirnos en "camaradas" o miembros de una comunidad, pero lo más frecuente es que se trate de una universidad o de grupos y asociaciones.

En términos de "desprendernos del pasado y poner un nuevo orden en nuestras vidas", esta faceta tiene que ver con romper con la familia y encontrar personas afines con las que podemos rebelarnos. Esta casa está conectada con Acuario y Urano, por lo que tiene cualidades rebeldes y alberga aspiraciones para un nuevo paradigma. Y cuando tal aspiración se extiende más allá de la universidad y se adentra en la teoría universal, obtenemos grupos tan fabulosos como el "Club de fans de *Viaje a las Estrellas* del noroeste de Estados Unidos" y el "Grupo de intercambio científico de los exalumnos de Caltech", que exploran la historia y las implicaciones de la inteligencia artificial y muchas cosas más.

Aquí podemos sentirnos parte de un gran todo universal y de la mente universal del futuro. La esperanza, deseos, sueños, visiones y aspiraciones ideales para la humanidad están en esta casa, mucho más allá del horizonte.

Significado de las casas Femeninas de Agua

La cuarta, octava y doceava casas, o estas facetas de nuestra vida, son las casas Femeninas de Agua.

Estas siguen a las casas de Aire, por lo que el nuevo tipo de orden que el Aire ha despejado está sujeto a un tsunami que barre todo de vuelta al útero cósmico del Agua. Recuerda que el Aire resuena con la altura y la luz, mientras que el Agua es atraída hacia adentro y hacia abajo, hacia las temibles profundidades de las capas secretas de Plutón. En la sección sobre el elemento Agua aprendimos que el "Agua es un medio de nuestro mundo y del reino invisible de la materia oscura, y de la energía que fluye a nuestro alrededor sin que la veamos ni la sintamos. El agua fluye, conecta y media a través de la existencia terrenal y espiritual".

Las antiguas culturas se dieron cuenta de que la savia de los árboles y las plantas estaba conectada con el Agua espiritual, la misma que los egipcios vieron como el océano cósmico del cielo estrellado.

El Agua espiritual tiene una "memoria" misteriosa que lleva información sobre el pasado y sus orígenes. Yo la veo como el Gran lago del alma, el depósito de todos los recuerdos. Otros la llaman el "océano" de la vida, sugiriendo que es una existencia primordial profunda, vasta y desconocida.

El agua líquida y el Agua espiritual que hay alrededor de nuestro planeta llevan la comunicación de manera diferente a la del Aire, aunque aún no hemos logrado descubrir los detalles. Algunos explican que las vibraciones de un solo organismo que se mueva en el Agua, pueden ser sentidas por alguien más sin ninguna comunicación obvia o tal como la conocemos. Multiplica eso por la inmensidad de los océanos y verás como la información es capaz de moverse por ahí.

Esto no significa que millones de formas de vida independientes obtengan la misma información al mismo tiempo; no tiene que viajar de la A a la Z en el mismo instante, aunque podría hacerlo. ¿Qué pasa si va de A a B, luego de B a C, después de C a D y así sucesivamente?

Como escribo en la sección sobre el elemento Agua, nuestros antepasados y las vidas que tuvieron nos transmiten sentimientos y experiencias desconocidas a través del elemento Agua en nuestras cartas astrales. Por ejemplo, la hambruna experimentada por uno de nuestros antepasados en el siglo XIX, sigue latente en nuestros epigenomas. Tal vez esto sea algo primordial, algo de supervivencia de la especie. Lo que no logramos explicarnos es cómo nuestras antepasadas maternales tuvieron a sus bebés estando solteras.

Agua es algo muy misterioso. ¿Cómo te sientes al tener tres casas llenas de agua en tu carta astral? Porque son tres portales de equipaje ancestral y perdición emocional, pero sin ninguna guía o manual.

Parece que necesitamos entender muy bien esto, de lo contrario podríamos ahogarnos. Aquí te ofrezco algunos datos básicos para que puedas mantenerte a flote. Es como la demostración del uso del chaleco salvavidas que te dan en un avión antes de un vuelo sobre agua, así que presta atención ahora, pues podría ser demasiado tarde si empiezas a caer en picada.

En primer lugar, todo en tus casas de Agua se estableció o sucedió antes de que llegaras. El karma o la herencia te precedieron y te fueron dados por experiencias previas en el linaje ancestral, que se acumula como una bola de nieve. Otra forma de ver esto es como el paso de la "estafeta" familiar que se entrega mientras una generación participa en una carrera de relevos y pasa el turno a los siguientes en la línea generacional. Nuestra abuela pasó el relevo a nuestra madre y ella a nosotros. Cuando decimos que "el Agua tiene memoria", queremos decir que el ADN, los marcadores epigenéticos y los genes de un padre, contribuyen a la historia o memoria del linaje ancestral de la familia. Aprendemos a leer esta herencia, historia o memoria, mediante el estudio de los signos del zodiaco y/o los planetas asociados a estas casas. Ellos contarán la historia. Por ejemplo, Piscis en la cúspide de la cuarta casa podría significar que uno de los padres era adicto o estaba ausente. Piscis gobierna la adicción y el anhelo de la pérdida, mientras que la cuarta casa generalmente trata sobre un padre o ambos padres.

La octava casa va más atrás, hasta llegar a los padres, abuelos y bisabuelos. Acuario en la cúspide de esta casa sugiere una historia familiar de distancia emocional y disfunción, o algún tipo de psicopatía. Tres figuras importantes recientes de la realeza británica han heredado este rasgo y no es difícil saber por qué: falta de vida familiar normal, abuelos y padres con grandes cargas de trabajo y responsabilidades nacionales, niñeras que vienen y van, acceso limitado a los padres, estrictos internados y nadie en quién confiar.

Ahora quiero hacer énfasis en que nuestras casas de Agua tratan sobre eso que vino antes de nosotros y con lo que tenemos que lidiar. Acuario en la octava casa no significa que la persona esté creando alguna fobia emocional, sino que es su herencia. En este sentido, dichas casas pueden ser brutales, trayendo eventos incivilizados y trágicos a nuestras vidas y haciéndonos sentir impotentes al reducirse la vida a una lucha inútil y dolorosa. Es, como mínimo, "la historia que siempre se repite".

Me recuerda a los dementores en los libros de Harry Potter. En cualquier momento, un dementor podría estar persiguiéndome a través de una cueva infernal subterránea. Claro que también hay momentos más ligeros, como el nacimiento de un bebé, el sexo y la experiencia del amor, pero ciertamente hay tantos puntos bajos como altos. Sin embargo, ya es suficiente, mejor hablemos sobre cuál es el antídoto y dónde está.

En primer lugar, debido a que los planetas en estas casas llevan el pasado con ellos, necesitamos saber la mayor cantidad de información posible sobre nuestro pasado para poder honrarlo y jugar el papel que nos corresponde en la evolución de nuestro linaje familiar. "Entrevista" a tus parientes mayores y escribe sus historias. Este es un gran registro para pasar a otras generaciones. Trata de descubrir las cosas que los "niños" no deberían saber. Apóyate en páginas web que puedan ayudarte a encontrar a tus antepasados. Construye tu árbol genealógico con fechas de nacimiento, eso siempre es interesante y te sorprenderá qué signos resultan ser los dominantes.

En segundo lugar, observa la siguiente casa, que será una casa de Fuego. Según la astrología, esto debería romper la energía. Aquí hay fuerza y confianza. Intenta alcanzarlas y verás los resultados.

En tercer lugar, no intentes ignorar lo que está escrito en piedra. Acéptalo sin luchar. Imagina que estas facetas de tu vida están compuestas por arenas movedizas, por lo que la lucha o la negación solo harán que te hundas más profundamente. Así que recuéstate y absorbe todo.

Con estas herramientas, así como con tus nuevas habilidades astrológicas, te habrás preparado para procesar y honrar a estos demonios. No tengo idea de lo que surgirá, es algo distinto para todos, pero te habrás preparado tanto como puedas para escuchar, empatizar, perdonar, sanar y luego descansar. Si haces esto bien, tales problemas no aparecerán en las casas de Agua de otro miembro de la familia, lo que significará un trabajo bien hecho.

Las tres casas de Agua pueden albergar habilidades psíquicas.

La cuarta casa

Esta faceta de tu vida representa los hogares en los que tanto tú como tu familia inmediata o cuidadores primarios, fueron criados. Estas dos experiencias forman tus raíces psicológicas, que son profundas e inconscientes. Aquí es donde vas cuando tienes la espalda contra la pared; es tu refugio mental. Solo aquellos que han vivido contigo ven tu lado secreto, que es muy diferente a tu lado profesional. Este comienzo temprano te fue entregado y no había nada que pudieras haber hecho para alterarlo, pues fue preordenado, por lo que a lo largo de tu vida nunca podrás cambiarlo, pues se trata de una versión terminada de ti y un sentimiento del que nunca podrás librarte. Estos patrones emocionales ligados al hogar estarán ahí por siempre y las condiciones descritas por los signos y planetas provienen del cuidador (madre) anterior a nosotros. Nuestras raíces están ancladas en este suelo, que usamos para hacer crecer el árbol (nosotros). Este reino es heredado y pertenece al trasfondo familiar; no es nuestro, no podemos hacerlo crecer y no lo podemos cambiar.

Dado que es tu destino, no puedes cambiarlo y debes aceptarlo y entenderlo. Esta casa te mostrará cómo aprendiste a reaccionar emocionalmente y cómo fue la "maternidad". Es donde la experiencia se transmite a través de generaciones, y representa un vínculo con nuestra alma y su pasado. Quizás haya un depósito de almas aquí, algo que se regenera para vivir de nuevo a través de nosotros, y por eso tenemos que vivirlo y experimentarlo en nombre del alma o de la línea matriarcal. Podrá ser cómodo o no, pero estamos atrapados con eso.

La octava casa

La octava casa es un espacio de profunda transformación e intimidad. Aquí es donde compartimos el dinero y las posesiones, además de intensas experiencias emocionales y sexuales con otros. Esta casa despierta pasiones y amores profundos e intoxicantes, así como todas las crisis, vulnerabilidades y una amplia gama de emociones que va desde los celos hasta el éxtasis. Esta casa nos transforma, tal como sucede con el nacimiento de un bebé, que es un evento alegre, pero todos coincidimos en que cambia por completo la calidad de nuestras vidas.

Suena bien, ¿no? Pero el problema radica en que podríamos activar una ira profundamente enterrada que tiene que ver con nuestro intercambio emocional temprano con la madre. ¿Suena improbable? ¡Te sorprenderías! Todo tipo de comportamiento brutal e incontrolado puede surgir en nosotros, o a nuestro alrededor, cuando la octava casa abre las puertas al amor. Esto se debe a que la historia familiar tácita, así como las maldiciones familiares, vendrán junto con ella. ¿Suena aterrador?

A veces sí, pero es peor cuando no tenemos idea de dónde viene el tsunami emocional. En la introducción a las casas de Agua sugería que debías tratar de descubrir las cosas que "los niños" no debían saber, entrevistar a tus parientes mayores y escribir sus historias mientras se pudiera. Después de los 40 años o más, todo tendrá sentido.

Mi sugerencia es que investigues los secretos familiares antes de que termines sumergido dentro de una lavadora emocional. Estos son los caminos de lo Femenino y no debemos temerles, porque en el fondo son las oportunidades de crecimiento personal que nuestra alma necesita y, en la medida en que hagamos ese trabajo, sanaremos a nuestras generaciones pasadas y futuras.

Y ese es el punto principal. Simplemente estamos trabajando en nuestro pedacito de vida. Tan solo somos una hormiga dentro de todo el hormiguero.

Cuando empieza la agitación emocional, nuestro instinto es intentar tomar el control, pero nuestro afán de poder es tan débil que no es lo que mejor funciona en esta casa. Lo que hay que hacer es dejarse llevar. Imagínate estar inmerso en arenas movedizas, así que trata de quedarte quieto para atenuar el impacto. Si intentas huir, solo te llevarás a ti mismo contigo, pues eres el centro de la tormenta, y el viaje se alargará.

La mitología griega tiene la famosa historia de Perséfone, Deméter y Hades para ilustrar cómo funciona la vida en estos asuntos. El mensaje central de la historia es que no podemos detener el ciclo de la vida y que todo debe crecer y cambiar, aún cuando sería maravilloso que siguiera igual. Hablamos de la muerte y el renacimiento; el cambio de las estaciones; los niños que crecen, se casan y tienen sus propias familias; la vejez y la muerte. Todo cambia.

El signo en la cúspide de la octava casa es importante. Atraeremos a personas que resuenen con ese él, las cuales actuarán como catalizador en nuestra vida, llevándonos a una guarida fantasmal o hacia sentimientos y experiencias primarios y profundos.

La otra perspectiva que debemos destacar es la del amor. Este es el lugar donde los sentimientos eufóricos, deliciosos y embriagadores del amor son más intensos.

A menudo, las personas que tienen esta casa acentuada trabajan con personas en situaciones de crisis (consejeros para drogadictos, asesores, médicos, paramédicos, personal de hospicios, etcétera) y, para ellos, un entorno de crisis significa estar como en casa. Están a la altura de cualquier exigencia, sin miedo ni repugnancia, y se sienten totalmente realizados por la experiencia.

A nivel práctico, los legados y herencias pueden aparecer cuando se activa la octava casa.

En la introducción a las casas de Agua mencioné que un antídoto para cada una de ellas es la siguiente casa de Fuego, y quiero recordártelo. La novena casa, con su maravillosa sensación de libertad y confianza, es justo lo que el cosmos ordenó.

La doceava casa

Cuando el sol sale por el horizonte entra en la doceava casa. Y lo que voy a decirte podrá sorprenderte, pero esta parte del cielo parece debilitar o disolver el poder psicológico terrenal de todo lo que hay en ella, incluso del Sol. Puede deberse a que la atmósfera terrestre distorsiona los rayos, la luz y las ondas habituales, pero es lo que es. El misterio de la debilidad de la doceava casa nunca se resolverá en este libro. Es un enigma que dejaré a los futuros astrólogos del multiverso. Mientras tanto, lo que parece más fuerte es la conexión con la fuente, o con el otro lado. Creo que es justo decir que esta faceta de nuestras vidas es un portal a una dimensión más allá de la nuestra, que debilita la fuerza de cualquier planeta o signo para poder asomarnos.

Las personas con una doceava casa acentuada sirven a una causa pública o más grande que ellos mismos. Algunas pueden sintonizar con los sentimientos colectivos y los grandes cambios en la opinión pública. Otras escuchan mensajes de otro mundo y actúan como vehículos. A veces siguen una vida de servicio público o un estilo de vida monástico. Tienes que reconocer algo sagrado o espiritual. Los libros de astrología te dirán que es la casa de los hospitales y las cárceles, y también de las vacaciones en hoteles todo incluido, que vendrían siendo lo mismo, porque aquí no hay voluntad ni independencia. Te dicen cuándo comer, dormir y despertar.

Esta casa atrae a quienes están dispuestos a renunciar a todo por causas espirituales, religiosas o por una vida de servicio hacia los gatos callejeros. La necesidad de ignorar las propias necesidades y simplemente dedicar la vida a tal causa, proviene de un impulso redentor encontrado en Piscis, en el planeta regente Neptuno, y en la doceava casa. Y tiene que ver con asumir todo lo que está mal en el mundo y querer arreglarlo. Solo deben sanar y arreglar todo para compensarlo, y cuando entregan su voluntad a esta fuerza se sienten mucho mejor.

Desafortunadamente, las sustancias adictivas pueden convertirse en la fuerza que abrume su voluntad y, francamente, si esta casa está llena de planetas personales, no hay mucha esperanza de que abandonen las adicciones, pues simplemente se sentirán demasiado bien.

Y si por alguna razón la persona es capaz de crear y mantener un fuerte sentido de autodisciplina para no perderse en el lado metafísico, podrá agregar algo, a largo plazo, a la historia de su linaje o su colectivo. Estos individuos también son necesarios, a fin de vivir para algo en el "conjunto de la vida". Sus vidas están conectadas a un plan "superior".

Todavía hay algo ancestral y de vidas pasadas sobre esta casa, como ocurre con las otras casas de Agua, pero a menudo se remonta a tantas generaciones atrás, que la información parece esfumarse en el deseo de compensar "algo" y eso termina siendo todo.

Creo que hay una verdad cósmica oculta en esta casa y me gustaría agregar que, de existir, aquí es donde estarás más cerca de conocerla, porque esta es tu conexión personal con el cosmos. Todas tus casas son muy individuales y son para ti. Nadie más tiene exactamente la misma configuración que tú, porque el tamaño de la casa y la posición de los signos encima de ella cambian en cuestión de segundos. También dependerá del lugar exacto donde naciste.

Hablaremos más sobre la importancia de tus casas más tarde, por ahora volvamos a la parte emocionante de la doceava casa. Como dije, este es tu portal individual hacia el cosmos, especialmente hacia Nut, diosa egipcia del cielo y madre de todo. Ella era el Agua del cielo y del espacio. Se le conocía también como "diosa de la vida", "maestra del todo" y "la que dio a luz a los dioses". Se tragó el Sol por la noche y lo dio a luz por la mañana.

Que yo sepa, los antiguos egipcios fueron los únicos que reconocieron la inmensidad del cielo como algo Femenino y de la tierra como algo Masculino. El cosmos era Femenino, acuático y madre de todos, en cuyo caso así es como puedes alcanzarlo: a través de tu doceava casa. Mi planteamiento es que las casas de Agua son nuestro contacto personal con el pasado y nuestros orígenes. La cuarta y la octava casas hablan sobre la línea familiar y los antepasados. La doceava es una casa de Agua y es infinita por naturaleza.

En esta casa retomaré el tema de hacer las paces y la necesidad de redimirnos cuando se trata de la energía del Agua.

En algún lugar, en otra dimensión, existe un Gran lago del alma que contiene todos los recuerdos de aquellos que han vivido y han muerto.

Esto es Femenino por naturaleza y es muy posible que psíquicamente se pueda hallar una manera de acceder a él. Si es así, esa persona podría estar en contacto con todo lo que es triste, todo lo que se ha llorado, los besos que no se dieron y el amor no correspondido, sin olvidar todos los sentimientos no ofrecidos. Según el Agua, estas son transgresiones que serán lloradas y no perdonadas, ya que todo se hunde en el olvido una vez más.

Puede que esta idea sea un poco mórbida, pero estamos hablando del Agua. Para obtener los mensajes de tu doceava casa, necesitarás meditar y tener en el tope de tus pensamientos al signo del zodiaco en la cúspide. Esa es tu ruta de entrada. ¡Te deseo buena suerte!

Las doce casas divididas en grupos

Echemos un rápido vistazo a las casas. Así como los signos del zodiaco pueden dividirse en grupos de dos, tres y cuatro, las casas también pueden hacerlo. Existen muchas similitudes entre las casas y los signos. Por ejemplo, Tauro resuena con la segunda casa y comparte muchas de las mismas palabras descriptivas.

Tres casas en un grupo y un mismo elemento

- Las casas de Fuego (primera, quinta y novena) miran hacia el futuro y ofrecen facetas de fuerza y confianza potencial. Nos ayudan a existir y a ser poderosos.
- Las casas de Tierra (segunda, sexta y décima) dan forma a nuestros sueños, se ocupan de nuestras necesidades físicas y manifiestan nuestro esfuerzo por de ser individuales.
- Las casas de Aire (tercera, séptima y undécima) ofrecen un cambio de escenario y un nuevo entorno social. Podemos romper con el pasado e introducir un orden diferente en nuestras vidas.
- Las casas de Agua (cuarta, octava y duodécima) representan el amor de tres maneras distintas: el amor incondicional de una madre, el amor condicional de la pareja y el misterioso amor universal o cósmico. También son portadoras del karma, de los asuntos no resueltos de los antepasados y del pasado (para que podamos sanarlo y transformarlo).

Cuatro casas en un grupo y una misma modalidad

- La primera, la cuarta, la séptima y la décima son casas cardinales y tratan de dirigir e instigar.
- La segunda, la quinta, la octava y la onceava son casas fijas y tratan de preservar y mantener, para que las cosas se den igual.
- La tercera, sexta, novena y doceava son casas mutables y aceptan fácilmente los cambios y los ajustes.

Dos casas en un grupo y una misma polaridad

- La primera y la séptima casas son Masculinas y tratan del uno que se convierte en dos.
- La segunda y la octava son Femeninas y tienen que ver con los recursos y el compartir.
- La tercera y la novena son Masculinas y tienen que ver con el aprendizaje y la sabiduría superior.
- La cuarta y la décima son Femeninas y tienen que ver con crecer y salir al mundo.
- La quinta y la onceava son Masculinas y tienen que ver con valorarse a uno mismo y al grupo después.
- La sexta y la doceava son Femeninas y tratan sobre el servicio a uno mismo y a los demás.

Hay ciertas consideraciones generales sobre las casas que deben tomarse en cuenta a la hora de enfocar la vida de forma personal e individual.

Lo más probable es que no haya nadie más en la Tierra con tu misma carta astral. Otro bebé tendría que nacer justo a tu lado y respirar por primera vez exactamente al mismo tiempo. Si nació a uno o dos kilómetros de distancia, no tendrá la misma carta astral; de hecho, podría haber diferencias muy significativas. Y si nació pocos minutos después de tu primera respiración, no tendrá la misma carta astral e, insisto, podría haber diferencias importantes.

Realmente eres único, y son las casas las que hacen que así sea, porque sus estructuras se mueven muy rápidamente a lo largo del día y cada día es un poco diferente. Sin embargo, pocos astrólogos aprecian esto. Para entender completamente una carta astral, tienes que conocer tus casas y cómo afectan los signos a cada faceta de tu vida.

De ahí proviene gran parte de la comprensión de tu comportamiento. Los ocho planetas solo mejoran o añaden más información, y creo que solo se debería aprender sobre ellos cuando puedas leer una carta astral de forma competente y sin ellos.

¡Así que intentémoslo!

Una pequeña muestra de lectura para Tauro en la cúspide de la octava casa

Tu amiga o cliente tiene problemas en una relación amorosa. Ella está enamorada de su pareja pero, aunque al principio él parecía muy entusiasmado, ahora deja pasar más tiempo entre cada encuentro. Al principio tenían una vida sexual muy activa, pero ahora parece que él está dispuesto a dejar eso también. Ella está angustiada y desearía saber en qué está fallando.

Con lo que has leído sobre la octava casa, entenderás que podría tratarse de una casa o un aspecto de su vida que vale la pena examinar. ¿Qué más información puedes obtener? Usaremos la carta astral de la figura 12, pero también debemos prestar atención a la figura 13, porque contiene palabras clave que pueden ayudarnos a entender la psicología de las casas. Por ejemplo, la psicología de la octava casa está descrita en tres palabras: "Femenina", "fija" y "Agua". Si solo leemos esto, ¿qué podemos deducir?

La polaridad Femenina nos dice que esta es una faceta oculta de nuestras vidas con un significado enterrado. La precaución natural se hará evidente. Se puede invocar a la planificación inconsciente y la espera.

La superposición fija nos dice que aquí no hay nada nuevo; la tradición, el ritual y la magia se transformarán como siempre lo han hecho. Trátese de nacimiento o muerte, el ciclo de la vida prevalecerá.

El elemento Agua habla de karma, historia familiar, destino y pasiones ocultas.

La octava casa es donde compartimos dinero, posesiones y experiencias emocionales profundas con personas significativas. También despierta intensas pasiones y una gama de emociones que van desde los celos hasta el éxtasis. Toda actividad se basa en la historia ancestral y experiencias pasadas. El control parece esencial, pero nuestros intentos de poder resultan inútiles y generalmente empeoran las cosas. ¿El antídoto? Como te dije: imagina que estás en arenas movedizas y simplemente no te muevas para aliviar el dolor.

Todo esto está empacado en la octava casa de todos. Lo que marca la diferencia es el signo en la cúspide que, en el caso de esta lectura, es Tauro. Ahora podrás profundizar más en este aspecto de la vida de tu cliente.

El signo en la cúspide lleva a la persona a las aguas primordiales de la octava casa.

Y aquí hay un problema. ¡Puedo escuchar al toro pateando desde aquí! Cuando las cosas no salen según lo planeado, este es un lugar incómodo para la energía Taurina. La necesidad de Tauro de sostener y controlar solo se exacerba cuando surgen emociones dolorosas. Tauro no sabe qué hacer con estas emociones primordiales y aterradoras. Lo que quiere es la seguridad de la estabilidad, ¡y la quiere ahora! Así es como comienza el círculo vicioso. Ella se enoja más y empieza a hacer demandas, que para él no parecen razonables (lo sean o no) y se distancia... Entonces, ella se enoja más y aumenta sus exigencias, pero él se harta... ¿Puedes imaginar cómo acaba esto?

Tu amiga/cliente haría bien si es más astuta con sus habilidades Taurinas de sensualidad y seducción, y esconde los elementos evidentes de control. Mi consejo para ella es que siga pensando en las arenas movedizas y, simplemente, se quede quieta para reducir el ahogamiento. Sugiero que use el elemento de control de Tauro a su favor para ayudar a controlarse ella misma.

Luego, en las ocasiones en que lo vea a él, debe asegurarse de que el "arsenal" de la diva esté completamente en modo Tauro: piel tersa, lencería, perfume, música suave, etcétera. La octava casa de tu amiga/cliente está en el elemento Agua, de polaridad Femenina y naturaleza fija, y Tauro fue hecho para esto. ¿Qué mejor faceta de sí misma para aprovecharla de manera persuasiva y deliciosamente Taurina?

Aconséjale que, después del encuentro, no conteste el teléfono algunas veces. Si emplea su fuerte control Taurino, eso debería resolver las cosas.

Hay mucho por aprender, y una vez que lo domines te ayudará enormemente con la psicología.

5

La importancia de la cruz

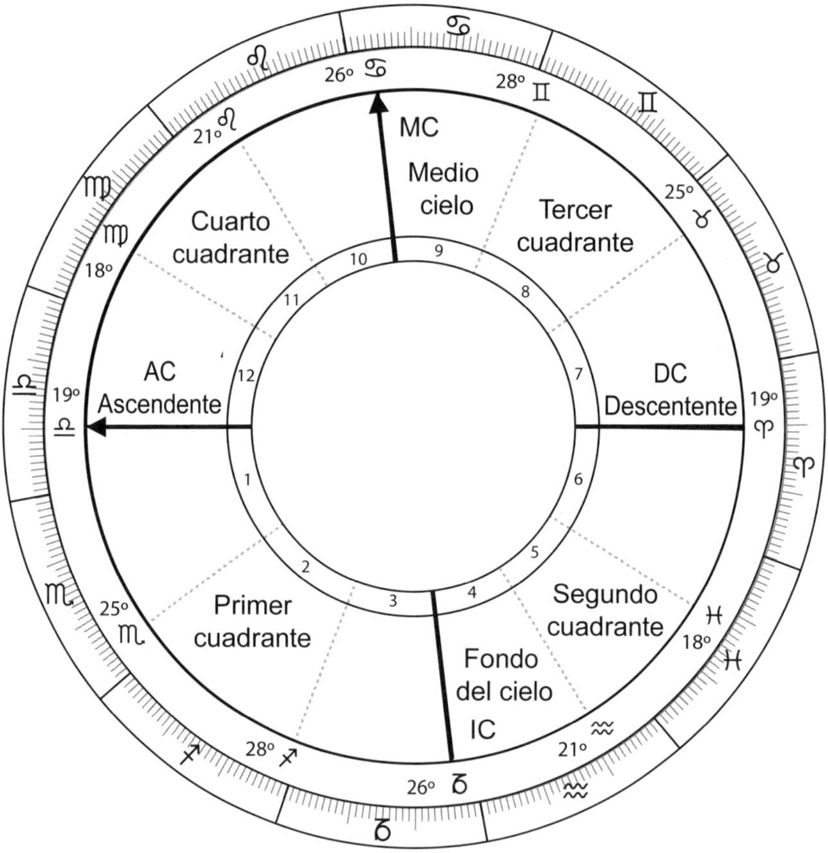

Figura 14. La cruz, ángulos y cuadrantes

Si ves la figura 14, notarás que se forma una cruz. Las líneas son más gruesas y hay una flecha en la parte superior de la línea vertical y a la izquierda de la línea horizontal.

Estás viendo una representación de la Tierra y el Cielo a tu alrededor en el momento exacto de tu nacimiento.

La línea horizontal gruesa es el horizonte hacia el este y oeste a partir de ti. Hablamos del **ascendente** (AC), el punto izquierdo de la línea horizontal gruesa, y el **descendente** (DC), el punto derecho de la misma línea.

La línea vertical gruesa llega hasta el centro de la Tierra por la parte inferior, y sube hacia arriba, hasta el medio cielo en la parte superior. El **medio cielo** (MC) es el punto superior de la línea vertical y el fondo del cielo (***imum coeli***—IC) está en la parte inferior.

Se forma, más o menos, una cruz y los cuatro puntos que resultan de la intersección se llaman **ángulos**.

La forma de cruz divide el círculo en cuatro cuartos o **cuadrantes**. Cada cuadrante tiene tres casas. Así, hay doce casas en total, el mismo número que signos del zodiaco.

Las casas numeradas del uno al seis en una carta astral son las casas debajo del horizonte al momento del nacimiento de una persona. Algunas de ellas pueden ser bastante profundas y difíciles de conocer. Tal vez estaban del otro lado del planeta en el momento de su nacimiento, por lo que los "rayos" tuvieron que pasar a través de la densa Tierra para llegar al recién nacido.

Las casas numeradas del seis al doce tienen una sensación diferente a la mayoría de las primeras seis y son más abiertas y públicas. Estas estaban en la parte superior del cielo al momento del nacimiento, por lo que los "rayos" alcanzaron al bebé con facilidad.

Volvamos ahora a la forma de cruz gruesa de la carta astral y los cuatro ángulos. El de la izquierda, el AC, es el más importante. El de arriba, el MC, le sigue en cuanto a importancia. Después vienen el DC. y el IC, que son casi iguales. Las casas después de los ángulos se llaman casas angulares o cardinales y son casas importantes.

Los ángulos

Nunca he podido borrar de mi mente la imagen metafórica de un ser humano atado a una rueda, al momento de su nacimiento, y cómo la carta astral simboliza eso. ¡Y ahora tú tampoco podrás sacar tal idea de tu cabeza! Así que imagínate a ti a la mitad de esa carta astral. Quizás estés sentada en el pequeño círculo del centro y a tu alrededor esté la estructura de las casas, que en realidad dependen de esta forma de cruz, a la que llamamos los ángulos. Esta cruz, con toda su información, es indispensable; es como si nos colgáramos de ella durante toda nuestra vida.

Volviendo a las casas, en esas doce facetas de tu vida hay información sobre tu pasado, presente y futuro, así como sobre tus fortalezas, debilidades, oportunidades y amenazas. Es como un plano de tu vida y todo lo que tienes que hacer es leerlo. Suena fácil, ¿no?

El ascendente

Primero que nada, el ascendente (Asc) también es la cúspide de la primera casa y, posiblemente, la parte más importante de la carta astral. Esto se debe a que cuando conocemos a alguien por primera vez, esta es la parte con la que entramos en contacto. Podrías llamarlo tu "exterior". Si puedes pensar en ti mismo como una casa, entonces es la puerta principal. Me gusta pensar en ello como el cuello de una botella de vino, con el resto de tu carta astral en la parte más amplia y profunda de la botella. Cualquier partecita de ti que vaya a ser utilizada, debe pasar por el cuello de esta botella y debe ser "coloreada" o alterada por ella.

Me enseñaron que el ascendente es la "forma en que haces las cosas". Está ahí desde el nacimiento, como todo, pero hay algunas cosas en la carta que desarrollamos con los años y otras que nunca cambian y se utilizan desde un principio, y el ascendente es uno de ellos.

Quizás sea útil pensar en él como un manto que cubre todo. También es como una máscara a través de la cual miramos. En encuentros personales, cara a cara, otras personas ven nuestro ascendente primero. O, dicho de otra manera, los primeros encuentros personales están guiados por él. El Sol se mostrará a medida que conozcamos mejor a alguien. Sin embargo, si una de las dos personas que se encuentran está en una posición profesional, como un padre que se encuentra con un maestro o un paciente que se encuentra con un doctor, entonces el paciente o padre verán el MC o medio cielo del doctor o maestro.

El ascendente describe cómo saludamos al mundo y cómo abordamos la vida. Describe el momento en que llegamos a la vida. Podría describir cómo fue el nacimiento. Capricornio como ascendente podría describir un parto largo y difícil. Aries como ascendente podría sugerir una aparición rápida y agresiva, porque un ascendente en Aries saltará a la vida y querrá que todo sea rápido.

La carta astral se dibuja en el momento exacto del primer aliento, porque es solo entonces cuando el recién nacido comienza a intercambiar energía con el universo como un **individuo independiente** al no usar más el cuerpo de la madre. En el momento del primer aliento, el niño comienza su propia vida en nuestra dimensión. La carta astral, con su combinación de un cinturón zodiacal rotativo y un sistema de casas separado que rota de manera distinta, es como una fotografía que se tomó en el momento justo. Es una breve instantánea en el tiempo que registra, para siempre, el entorno electromagnético influyente en ese momento exacto. Eso es tu carta astral.

El medio cielo, *Medium Coeli* o MC

Este es el ángulo en la parte superior de la carta astral (consulta la figura 12 si acaso te confundes). Y creo que esta posición nos dice mucho sobre lo que representa. Aquí es donde el mundo puede vernos. Estamos en exhibición, por lo que el signo que esté allí será importante. Cuando estamos en el escenario, ¿qué mostramos?

Digamos que tenemos un signo de Fuego en ese punto; entonces, seremos bastante obvios y notorios. Si es un signo de Tierra, seremos lentos, constantes y competentes. Un signo de Aire en el medio cielo (MC) aparecerá como socialmente grato y comunicativo. Los signos de Agua quieren estar ocultos porque ser el centro de atención los pone nerviosos.

Usualmente, el medio cielo describe la carrera o vocación, y si no lo hace, el cliente tendrá dificultades en esta área. Algunos signos, como Escorpio, se prestan a una serie de carreras profesionales diferentes y, mientras sean "maestros" en ello, todo estará bien. Pero hay algunos signos con un rango bastante estrecho cuando se trata de la carrera, y si tomaron el camino incorrecto, habrá una historia de discordia e insatisfacción.

Una persona con su medio cielo en Leo, por ejemplo, puede tener muchos problemas para encontrar la oportunidad correcta. ¡No hay muchas vacantes para actores desempleados en el famoso West End de Londres! En tal caso, podría terminar sirviendo mesas y… pues eso a menudo sale muy mal. En mi opinión, es más importante satisfacer las necesidades del signo que cualquier otra cosa. Por lo tanto, dos carreras son posibles: una para pagar las cuentas y otra para mantener feliz al medio cielo. Así, nuestro medio cielo en Leo podría ser un plomero autónomo, **además** de un miembro destacado de una sociedad de teatro para principiantes.

El medio cielo en Leo solo se preocupa por cómo lo ve el mundo, es por eso que los aplausos del público lo son todo. El dinero no es importante para él, por lo que actuar en un grupo de teatro no remunerado es una excelente opción. La opción adicional del autoempleo es principalmente por dinero, pero al menos es su propio jefe y eso también es importante para el MC en Leo.

El descendente

Este punto de la carta también es la cúspide de tu séptima casa y donde se describe "el mundo de dos". La "media naranja" es una frase muy usada para definirlo y muy a menudo, describe a tu cónyuge.

Si tienes a Tauro en el descendente, es probable entonces que tu relación o relaciones más importantes sean con alguien que tenga un punto importante en su carta astral que caiga cerca de tu descendente (DC) o en tu séptima casa.

El fondo del cielo, *Imum Coeli* o IC

Nuestro último ángulo es el punto más bajo, el *Imum Coeli* o IC. La mayoría de los astrólogos lo llaman IC. Este punto es la cúspide de la cuarta casa y está en el elemento Agua. ¿Y de qué trata esto? De la familia, las raíces, el pasado y el entorno hogareño a temprana edad.

Para fines predictivos el MC también representa el hogar actual, así como en el extremo opuesto representa el trabajo actual.

El signo en el IC describe a uno de los padres (a veces a ambos) y el entorno hogareño a temprana edad. Aquí tienes una pregunta: si Aries está en el IC, ¿cómo fue la vida hogareña temprana? ¿Llena de enojo? ¿Con discusiones y peleas significativas? ¿Muchos deportes? ¿Animada? ¡Correcto!

Lectura conjunta del ascendente y el medio cielo

Supongamos que tenemos un cliente con el medio cielo en Leo y el ascendente en Escorpio. ¿Qué hacemos?

Pues lo primero es volver a lo básico, como dije al principio de este libro.

Empieza con las polaridades, una es Masculina y la otra Femenina, y como bien lo sabemos, ambas se dirigirán en direcciones opuestas. Una de ellas (¿cuál?) irá hacia adentro y querrá esconderse, mientras la otra empujará hacia afuera y querrá estar en exhibición.

Los clientes con este tipo de conflicto pueden pasar su vida entera perfeccionando su esquizofrenia (no es cierto, es broma) o pueden perfeccionar el arte de dividirse entre los dos: primero darle al Leo sus 15 minutos de fama (¡diariamente!) y luego retirarse al silencio sombrío que tanto le gusta a Escorpio. El punto está en que puedan verse a ellos mismos en un carruaje, con su caballo de Escorpio y su caballo de Leo jalando en direcciones opuestas. Por eso hay que hablarle a ambos. Hay que asegurarle a Leo que puede tener su tiempo en el escenario ante una audiencia, siempre y cuando acepte que, en otro momento, será Escorpio quien tenga su espacio, con su forma de ser impenetrable, oscura y misteriosa. Un caballo obtiene lo que quiere, para que luego el otro también lo haga.

Es perfectamente posible permitirte o alentarte a ti mismo a pasar por la vida de esta manera. De hecho, probablemente sea la única manera de hacerlo, de lo contrario, los dos pasos hacia adelante y dos hacia atrás (o hacia la agonía interna de los celos al ver a otros tener la audiencia que tanto deseas) no te llevarán a ninguna parte.

Algo que debes tomar en cuenta es la modalidad fija. Ambos signos son fijos y, por lo tanto, extremadamente tercos e intransigentes. Es posible que desees hablar con tu cliente sobre aprender a ser más flexible.

Si el medio cielo y el ascendente trabajan juntos, vemos una expresión relajada y fluida que puede prestarse a una gran comunicación de ideas y propósitos. La combinación de Aire y Fuego debe ser amable de "operar", mientras que la combinación de Fuego con Fuego puede ser difícil de controlar, pero te será útil si puedes llegar al punto de ser un gran líder sin pisar los talones de nadie.

Cuando hablo con clientes que tienen tanto el medio cielo como el ascendente en Agua, admiro siempre su gentileza; aunque, por supuesto, realmente luchan con comportamientos intimidatorios. Sin embargo, son los psíquicos y sanadores más asombrosos.

Las combinaciones de Agua y Aire funcionan bien porque el Agua modifica la lógica dura y el desdén emocional del Aire. Por otro lado, el lado suave del Agua probablemente esté agradecido con el apoyo Masculino.

Hay tantas combinaciones, que escribirlas todas sería imposible, por lo que te recomiendo que hagas tu propia investigación sobre tan fascinante tema.

Cuadrantes

El primer cuadrante no tiene una casa de Agua. Hablamos sobre esto en la sección de Cáncer. Aunque recibimos amor desde un principio, no somos capaces de hacer nada con él hasta que hayamos desarrollado y organizado nuestros bancos de conocimientos, recuerdos, esquemas y nuestras habilidades de Aire de Géminis. Solo entonces podremos reconocer y organizar experiencias sensibles, emociones y sentimientos. Antes de eso, estaremos en un estado instintivo, en desarrollo, que únicamente permite reflejos simples y primitivos.

El segundo cuadrante no tiene una casa de Aire porque estamos enfocados solo en nosotros mismos y no necesitamos principios relacionales. Ya podemos hablar y recopilar información, pero necesitamos desarrollar un ego protector antes de comenzar a compartir el poder.

El tercer cuadrante no tiene una casa de Tierra, pero la sexta casa nos ha dado amplias oportunidades para limpiar y acondicionar el nido y poner nuestra salud y jardín en óptimas condiciones, antes de empezar a enfocarnos en asuntos menos terrenales y prácticos. En este cuadrante aprendemos a relacionarnos con las cosas.

Y no hay una casa de Fuego en el cuarto cuadrante. La necesidad de ser "especial" e individual no se encuentra naturalmente en esta parte de la carta. Solo lo colectivo importa aquí.

Intercepción

Como bien sabes, hay doce signos del zodiaco y cada uno ocupa 30 grados de un círculo. Y los signos se superponen a las casas, que pueden ser más anchas que los 30 grados, por lo que un signo puede quedar atrapado dentro de una casa. El signo no se encuentra en la cúspide (inicio) de una casa. Esto es importante.

Las cúspides de las casas son lugares activos para las técnicas predictivas y también están asociadas con los movimientos planetarios.

Pero, más importante aún, brindan al signo un lugar desde donde expresarse. Así es como la persona experimenta y utiliza los dones del signo. Sin esta plataforma o salida, el signo quedaría encerrado y sería difícil de acceder, lo que podría frustrar al individuo.

Cuando veas un signo bloqueado, recuerda que habrá problemas en torno a él. Supongamos que es Leo el que está interceptado; inmediatamente sabrás que esta persona tiene problemas para sentirse segura o creer que es especial y puede que sufra de baja autoestima.

Veamos otro ejemplo. Si es Tauro el que está interceptado, ¿qué significa para esa persona?

Podría ser más fácil pensar primero en lo que representa Tauro y luego deducir el opuesto de esas cualidades. Así que, en lugar de tener a una persona con un enfoque cuidadoso o prudente hacia el dinero, podrías descubrir que exagera esa cualidad y se comporta como un tacaño, por lo que vive en condiciones austeras. Y puede que exagere su sensualidad de manera lasciva o desinhibida. O podría negar cualquier tipo de atracción hacia las plantas y la naturaleza, dejando que se mueran.

Recapitulemos: cuando el signo no cubre la cúspide de una casa, puede que no se exprese de la manera habitual. Estará invertido o distorsionado.

Así concluyen los aspectos más importantes en la práctica de la lectura astrológica en una carta astral. Sin embargo, puede que ya estés al tanto de que existen muchas otras técnicas astrológicas. Por ejemplo, podemos utilizar cartas construidas de diferentes maneras para informarnos sobre la calidad de una relación y los obstáculos a evitar o los éxitos a desarrollar y enfocar. Podemos prever o predecir desde el clima hasta cuestiones nacionales o hitos personales. Transitar la astrología nos dará el estado diario del entorno electromagnético del sistema solar y la atmósfera que nos rodea. La astrología horaria nos dará la respuesta a una pregunta… No hay nada que la astrología no pueda hacer.

Pero, por el momento, centra tu atención en aprender y practicar el arte de entender el comportamiento de las personas mediante la lectura de los signos, así como sus resultados alrededor de los ángulos y casas de una carta astral.

6

¡Un poco de astrología! Hagamos una lectura

Lo creas o no, ahora puedes "leer" astrología. Además, una buena astrología tiene una base psicológica reveladora y el potencial para ayudar a las personas a entenderse mejor a sí mismas.

Mira de nuevo la figura 12. Esta es una carta astral real sin los planetas, pues aún no necesitas de ellos. Puedes hacer una lectura astrológica que sea perfectamente válida sin ellos, y si eventualmente los incluyes, siempre serás un mejor astrólogo por haber aprendido de esta manera. Cuando los estudiantes incluyen planetas al empezar, nunca hacen de nuevo el trabajo básico con las casas tan a fondo como lo hicimos nosotros. Esto marca la diferencia entre ser un astrólogo superficial y popular, y uno que realmente entienda el cosmos exterior e interior de manera profunda.

Comenzaremos con los signos del ascendente y del medio cielo. ¿Cómo se llevan? El ascendente está en Libra y el medio cielo está en Cáncer, y ambos signos son cardinales, lo que significa que a esa persona le gusta iniciar y liderar. Tanto Libra como Cáncer tienen algo que decir en las relaciones, así que quizá esta persona sea un buen consejero amoroso o en temas familiares.

Antes de continuar, hay una regla especial para Capricornio en las casas. Normalmente, el signo en la cúspide de la casa es el que debemos tener en cuenta en nuestra lectura, porque sin importar lo que venga después en una casa, el signo en la cúspide siempre es más fuerte. Sin embargo, esta regla se rompe cuando se trata de Capricornio. Incluso si Capricornio comienza después de la mitad de una casa, seguirá siendo influyente.

Encontraremos a Capricornio a continuación porque, como todos sabemos, este signo causa dificultades, por lo que el cliente lucha con ese aspecto de su vida. Y estos problemas destacarán porque no olvidamos nuestro dolor.

En la carta que estamos leyendo, Capricornio está en la cúspide de la cuarta casa, pero comienza en la tercera, así que nuestra lectura comienza con el astrólogo (tú) preguntando: "Parece que hubo algunos desafíos en tu crianza, algo que te retuvo. ¿Puedes recordar qué pudo ser?". Regresa hasta la sección de Capricornio y la tercera casa si necesitas refrescar la memoria. Capricornio trae desafíos y la tercera casa se relaciona con la educación temprana. En la conversación que sigue, se revela que tu clienta tuvo que cambiar de escuela muy rápidamente en sus primeros años. Ella te explica que nunca llegó a aprender los nombres de los otros estudiantes antes de ser trasladada. Y dado que sabes que Capricornio retrasa habilidades y la clienta admite que la escuela fue un desafío, podrías mencionar eso. Esta podría entonces contribuir diciendo que pensó que tenía dislexia leve, la cual pasaron por alto por completo, así que realmente tuvo que esforzarse para aprender. Desde entonces, se dio cuenta de que era una aprendiz lenta que realmente necesitaba apoyo adicional en casa, pero su joven madre, muy poco educada, no pudo ayudarla. Le dijeron que era perezosa y que no podía concentrarse, por lo que siempre se sintió avergonzada de su rendimiento.

Tras validar y explicar las barreras reales para su aprendizaje, reflejadas en la carta astral de tu clienta y probablemente algo que no comprendía y nunca examinó a fondo, ella podrá decirte que se siente mucho mejor.

Y puede haber otras cosas que hacer con la misma evidencia astrológica. El astrólogo podría inquirir: "Parece que también hubo dificultades con los hermanos, ¿verdad?". ¿Y por qué pregunta el astrólogo esto? Porque los hermanos son un tema de la tercera casa.

La clienta podrá responder que recientemente se dio cuenta de que su hermana estaba en el espectro autista, pero con tantas escuelas y una madre muy joven con experiencia de vida limitada, nunca hubo un diagnóstico. Ella no entendía por qué su hermana era tan difícil y por qué no podían tener una relación significativa.

Nuevamente, la validación es muy útil. Capricornio también cubre la cúspide de la cuarta casa, lo que significa desafíos en el hogar, en nuestras raíces, en el pasado y en la familia.

Entonces, preguntarás: "¿Te importa si hablamos sobre la vida en tu hogar durante la infancia?". Dependiendo de la capacidad de tu clienta para extenderse sobre el tema, podría llevarte otros veinte minutos de confirmación astrológica y de apoyo de tu parte, pues tú eres quien funge como astrólogo.

Y aún no terminamos con esas dos casas. Sagitario está en la cúspide de la tercera casa y quiere que se le incluya. Normalmente, cubriría primero el signo de la cúspide, pero no cuando Capricornio está involucrado, porque el dolor es lo primero. Ahora bien, recuerda que esta es una casa de Aire Masculina, donde la comunicación es fácil. Sagitario es un signo de Fuego Masculino exuberante, así que esto facilitará y provocará la efusión de palabras. Como resultado, tu clienta soltará todo sin contenerse. Es posible que se dé cuenta de que suele decir lo que no debe y que esto siempre la mete en aprietos.

Como experto astrólogo, puedes explicarle este fenómeno: "Al hablar utilizas una energía exuberante y a menudo dices más de lo que pretendes".

"Oh, sí, —dirá ella— a veces debería morderme la lengua. Parece que siempre abro la boca para decir algo vergonzoso y remato con algo todavía más vergonzoso. Pero parece que eso me sucede menos a medida que envejezco".

La mejora con la edad es natural; tanto Sagitario como Capricornio se suavizan con la edad. Cuando somos más jóvenes, el miedo de Capricornio y la arrogancia de Sagitario hacen que hablar y aprender sobre la tercera casa mutable sea algo angustioso.

La tercera casa corresponde a los medios de transporte que utiliza para desplazarse. ¿Auto, autobús, bicicleta, patineta eléctrica? Y en la elección de un auto, ¿cómo influye Sagitario? ¿Con qué frecuencia cambia de auto? En este caso, resulta que tu clienta conduce un veloz deportivo de color rojo brillante. Pues sí, es Fuego. Eso tiene sentido. Pero hay más. Sagitario busca lo mejor y Capricornio también, así que el deportivo es de una marca de calidad de gran durabilidad.

Por curiosidad, ¿cómo encaja esto con la décima casa y su tema sobre "cómo nos percibe el mundo"? Pues ahí encontramos la energía de Leo, el signo medio de Fuego, que, si recuerdas, le importa mucho cómo ve las cosas el público. A Leo le encanta el color rojo, y este deportivo rojo es justo lo que tu clienta necesita. En consecuencia, ella solo ha tenido cuatro autos en su vida: ¡dos deportivos blancos y dos rojos! Y suele conservarlos durante muchos años, lo que puede ser cosa de Capricornio.

Voy a detenerme un momento. ¿Te asombra la cantidad de información que tienes a tu disposición, como estudiante de astrología, con solo utilizar los signos y las casas? Insisto: no necesitas planetas para leer la historia de la vida de una persona. Lo que hemos aprendido en este libro es profundo y revelador.

Y puesto que ya hemos avanzado a la décima casa, sugiero que continúes desde aquí por un tiempo. Cáncer está en la cúspide o medio cielo, así que es de esperar que la carrera de tu clienta esté relacionada con algo de cuidados o algo familiar. Y es así: tu clienta trabajó en el negocio familiar de vez en cuando, hasta que finalmente se estableció como chef, y es un hecho que alimentar a las personas es algo que a Cáncer se le da naturalmente.

Pero fíjate que el resto de la casa, y sin lugar a dudas la mayor parte de ella, está en Leo, pero aparece interceptada. Vuelve a leer la sección sobre intercepción, si no lo recuerdas. ¿Acaso los Leo nacieron para servir? No lo hicieron. Hubo discusiones y luchas de poder durante gran parte del tiempo, hasta que tu clienta se volvió independiente y todo le funcionó mejor. Se convirtió en una chef famosa, que ganó un premio nacional por habilidades culinarias, pero aún así prefería quedarse en la cocina, fuera de las miradas públicas.

¿Por qué no buscó la audiencia que el Fuego deseaba? ¿Por qué se mantuvo alejada de los reflectores?

Porque Leo está interceptado en la décima casa y Cáncer, al estar en el MC, la hace bastante tímida.

Pero hay más... Mira la quinta casa. Regresa a la sección sobre esa casa y léela de nuevo. Solo mediante la repetición de las cosas aprenderás astrología.

La quinta casa es el lugar donde encontramos nuestro poder, y el signo nos da la energía para practicarlo. Ahora piensa en esto... ¿Cómo ayudará la energía de Piscis de tu clienta para que ella pueda incrementar su confianza, al grado de subir al escenario y disfrutar de los reflectores? Pues no lo hará, ¿verdad? Piscis disuelve egos, no los eleva.

El espíritu de Fuego de tu clienta está siendo apagado por el Agua; esto creará estrés interno y externo y atraerá luchas de poder y, en ocasiones, falta de logros, ya que el Fuego no consigue cumplir con su propósito.

Y todo esto alcanzó un nivel angustiante cuando, a finales de sus treinta años, quedó embarazada y dio a luz a un hijo con discapacidad. En solo un año, el curso de su vida cambió para siempre, ya que el bebé requería de muchos cuidados y ella abandonó para siempre su carrera (a tiempo completo) en las cocinas. El Agua en la cúspide de la décima y quinta casa prevaleció al final. El Fuego, simplemente, no pudo hacer lo suyo. Hoy, tu clienta es una cuidadora primaria (elemento Agua), con un trabajo administrativo a tiempo parcial.

Voy a detenerme aquí porque creo que ya has visto suficiente para entender cómo funciona todo. Además, finalmente llegó el momento que estabas esperando… ¡Leer tu propia carta astral!

Ahora puedes leer tu carta astral

Afortunadamente, las computadoras hacen por nosotros el trabajo difícil de reconstruir un mapa de los cielos al momento de tu nacimiento. Esto te ahorrará muchas horas de ansiedad, te lo puedo asegurar.

Para aprovechar este sistema necesitarás tu hora de nacimiento precisa. Si estás en los Estados Unidos será fácil, pues aparece en tu acta de nacimiento. Si estás en el Reino Unido no será tan fácil saberla, pero en el historial médico de tu madre debe aparecer escrita la hora de tu nacimiento. Bastará con que ella envíe una solicitud para tener acceso a esta información. Es su derecho legal.

Obtén toda la información que puedas sobre tus familiares y las horas de nacimiento de la familia, y guarda todo para el futuro. Un día te alegrarás de haberlo hecho. Ve al desván y busca el viejo álbum del bebé y tu brazalete del hospital. Todo el mundo suele conservarlo, así que averigua dónde están. Hay algunas preguntas que pueden ayudarte a recordar: pregunta sobre las horas de luz del día, las horas de comida, y averigua si el nacimiento fue en un hospital o en casa.

Si aún no tienes una hora de nacimiento, será todo un desafío, pero aún quedan opciones. Descubre cuál es la carrera del cliente y coloca el signo correspondiente en la cúspide de la décima casa. Por ejemplo, si trabaja en ventas telefónicas, elige Géminis. ¿Entrenador deportivo?, opta por Aries. Luego, observa dónde deja esto al ascendente. Si está en

Virgo, pregúntale si se preocupa mucho. Si aparece en Cáncer, ¿es tímido y reservado? Si dominas los signos zodiacales, estas preguntas tendrán mucho sentido. Haz preguntas que confirmen el signo en el ascendente y el MC. Si las respuestas te hacen clic y estos dos puntos se verifican, confía en la carta. Esta simple corrección siempre ha funcionado para mí.

La astrología psicológica trata mucho sobre entender tu dolor y por qué las mismas cosas suceden una y otra vez. Cuando tienes este conocimiento, puedes tomar mejores decisiones para ti mismo. El mayor regalo de las técnicas que acabas de aprender es que ya no tienes que preguntar: "¿Cuándo volverá mi novio?". En cambio, puedes averiguar por qué se fue y también saber qué buscar en un futuro cercano.

Por el momento, es hora de practicar lo que has aprendido hasta ahora.

La técnica de astrología que has aprendido les habría funcionado bastante bien a los antiguos egipcios, pues para ellos los planetas no tenían ningún significado y ni siquiera eran deidades. La inclusión de los planetas en la astrología procede de los babilonios, de los griegos y de la India.

Ahora es el momento de tener delante una copia de tu carta astral. Revisa cada una de las casas y relee los signos zodiacales que caen en ellas. Aprenderás sobre ti de una forma que antes no era posible. Y permítete un "tiempo de terapia" con esta información. Habrá revelaciones que justifiquen algo que siempre has sabido pero que no podías entender. Habrá tristeza, y cuando la haya, date amor rojo y busca un osito de peluche al cual apapachar. O ponte en contacto conmigo para una sesión...

Y lo más importante... ¡No olvides que eres genial!

Puedes imprimir tu carta astral de acuerdo a las enseñanzas de este libro desde el sitio web:

www.astro.com/horoscopes

Hallarás más instrucciones al respecto en:
www.alisonchesterlambert.com

Cómo construir una carta astral con astro.com

Puedes utilizar **www.astro.com** para construir una carta astral que siga el estilo descrito en este libro.

Es importante que PRIMERO te registres y luego inicies una sesión, o lo siguiente no estará disponible.

Para crear una carta astral:

- Selecciona el idioma (español) en la parte superior derecha.
- Haz clic en **Horóscopos (gratuitos)** en la navegación principal.
- Ve a la sección **Dibujos, cálculos y datos**.
- A continuación, haz clic en **Extensa selección de cartas**.
- Ahora, selecciona tus opciones:
- - En **Datos de nacimiento**, selecciona una carta con la cual trabajar.
- - En **Secciones**, selecciona la opción circular (que es la predeterminada). Deja esta opción tal como está.
- - En **Tipo de carta**, selecciona: **Carta Natal**.
- - Selecciona el **Estilo de diseño** de la carta: **Anglo con zodiaco**.
- - En **Opciones para zodiaco y casas**, elige **Sistema de casas** > **Campano**.
- - Y en **Zodiaco** (a la derecha), selecciona **Tropical** y luego **Geocéntrico**.
- - En **Opciones de visualización y cálcul**o, selecciona **no dibujar planetas** bajo **Otras opciones**.
- Finalmente, haz clic en el botón verde inferior titulado: **Mostrar la carta**.

Cartas astrológicas

Este libro es una extensión natural del popular juego de cartas llamado *Cartas Astrológicas.* Las cartas ilustran las ideas clave en las que se basa la astrología psicológica y el libro apoya el aprendizaje de la teoría.

Los consejos astrológicos de autoayuda nunca habían sido tan fáciles de obtener como con este mazo de guía espiritual, el cual incluye tres conjuntos de cartas: los signos del Zodiaco, los planetas y las casas. Es tan fácil como seleccionar una carta de cada conjunto y luego utilizar el libro guía para interpretar la respuesta.

Cada carta detalla las características y simbolismos de un signo del Zodiaco, un planeta y una casa, mediante impresionantes obras de arte de un maestro de la pintura. Estas cartas eliminan toda la complejidad de las lecturas astrológicas y ponen el poder de la adivinación en manos del lector, que espera obtener una visión de su futuro.

ISBN 9-781-64411-632-6

Bibliografía

Aïvanhov, Omraam Mikhaël. *The Mysteries of Fire and Water*. Cedex, Francia: Prosveta, 1993.

———. *El Zodíaco, clave del hombre y del universo.* Editorial Lampara, 2018.

Arroyo, Stephen. *Astrología, psicología y los cuatro elementos*. Editorial Kier, 2005.

———. *Relationships & Life Cycles: Modern Dimensions of Astrology.* California: CRCS Publications, 1993.

Daniélou, Alain. *The Myths and Gods of India: The Classic Work on Hindu Polytheism*. Rochester, Vermont: Inner Traditions, 1991.

Filbey, John, y Filbey, Peter. *Astronomy for Astrologers.* Wellingborough, Northamptonshire: Aquarian Press, 1984.

Goodman, Linda. *Linda Goodman's Love Signs*. Londres: Pan Books, 1980.

———. *Linda Goodman's Sun Signs.* Nueva York: Taplinger Publishing, 1971.

Greene, Liz. *Astrología y destino*. Obelisco, 1996.

———. *Astrology for Lovers*. Londres: Thorsons, 1999.

———. *Los planetas exteriores y sus ciclos*. Editorial Kier, 1997.

———. "*The Art of Scuba Diving: Understanding the Water Houses*". Conferencia, Regent's College, Londres. 10 de marzo, 2002.

———. "*The Fire Houses*". Conferencia, Regent's College, Londres. 30 de junio 2002.

Greene, Liz y Sasportas, Howard. *La dinámica del inconsciente.* Ediciones Urano en la colección Kepler Astrología, 2021.

———. *The Inner Planets.* York, Maine: Samuel Weiser, Inc. 1996.

Idemon, Richard. *The Magic Thread: Astrological Chart Interpretation Using Depth Psychology.* York, Maine: Samuel Weiser, Inc. 1996.

———. *Through the Looking Glass: A Search for the Self in the Mirror of Relationships. Volumen 5,* "Seminars in Psychological Astrology". York, Maine: Samuel Weiser, Inc. 1992.

Louis, Anthony. *Horary Astrology Plain and Simple: Fast and Accurate Answers to Real World Questions.* Woodbury, Minnesota: Llewellyn Worldwide, 2002.

Rudhyar, Dane. *Astrological Signs: The Pulse of Life.* Boulder y Londres: Shambhala.

Sasportas, Howard. *Las doce casas.* Kepler, 2021.

Tompkins, Sue. *Los aspectos en astrología: una guía para interpretarlos.* Ediciones Obleisco, marzo 2001.

Walker, Robert G., y Sasportas, Howard. *The Sun Sign Career Guide.* Londres: Arrow Books, 1989.

Wattles, Wallace. *La ciencia de hacerse rico.* Timeless Wisdom Collection, 1991.

Índice analítico

Acerca de la autora

Alison Chester-Lambert, Maestra en Artes, es una astróloga, psicológica y autora de cinco publicaciones, incluidas *Cartas astrológicas* y *Greek Mythology Reading Cards* (*Cartas de mitología griega*). También fue la astróloga interna del programa *Daily Politics*, de la BBC 2, y ha trabajado para la televisión estadounidense y para BBC 5 Live. A lo largo de los años, ha escrito horóscopos para las principales revistas de astrología del Reino Unido y mantuvo una columna regular en la revista *Astrological Journal*. Más recientemente, Alison fue colaboradora habitual de *Mail Online*.

Después de completar una maestría en estudios de astronomía cultural y astrología, Chester-Lambert publicó investigaciones en la revista académica *Correlation,* revisada por sus colegas, y en **astro.com** ha publicado recientemente algunos de sus trabajos fundamentales.

En la actualidad, es una de las astrólogas más consultadas del mundo, con una lista que asciende a miles de clientes. Es reconocida por su capacidad para desglosar las complejidades de la astrología en segmentos fáciles de entender, revelando cómo descifrar rápidamente las fortalezas, debilidades, desafíos y oportunidades de una persona utilizando la astrología psicológica.

Para más información, visita su sitio web
www.alisonchesterlambert.com